मेवाड़ केसरी
महाराणा साँगा

मेवाड़ केसरी
महाराणा साँगा

एम.आई. राजस्वी

प्रकाशक

प्रभात प्रकाशन प्रा. लि.

4/19 आसफ अली रोड, नई दिल्ली-110002

फोन : 011-23289777 • हेल्पलाइन नं. : 7827007777

इ-मेल : prabhatbooks@gmail.com ❖ वेब ठिकाना : www.prabhatbooks.com

संस्करण

2026

सर्वाधिकार

सुरक्षित

पेपरबैक मूल्य

तीन सौ रुपए

मुद्रक

नरुला प्रिंटर्स, दिल्ली

★

Mewar Kesri MAHARANA SANGA
by Shri M.I. Rajasvi

Published by **PRABHAT PRAKASHAN PVT. LTI**
4/19 Asaf Ali Road, New Delhi-110002

ISBN 978-93-5266-096-4

₹ 300.00 (PB)

दो शब्द

भारत के इतिहास में यदि राजपूताना की वीरगाथाओं का स्वर्णिम अध्याय न होता तो इसकी वैसी भव्यता न होती, जैसी आज है। यहाँ की धरती भले ही वर्षा की बूँदों के लिए तरसती रही हो, परंतु सत्ता-सिंहासन के लिए निरंतर होते रहे युद्धों से टपकते रक्त से यह भूमि सदैव सिंचित रही है। आन-बान और शान के साथ ही सत्ता के षड्यंत्रों में रचे-बसे यहाँ के वीरतापूर्ण वातावरण में राजपूतों की महिमा का भव्य दर्शन होता है। इस भूमि पर जहाँ एक ओर सतियों ने जौहर की प्रचंड ज्वालाओं में भस्म होकर भारतीय नारी के दृढ संकल्प और सतीत्व की नई परिभाषा लिखी है, वहीं दूसरी ओर स्वतंत्रता प्रिय राजाओं और अन्य राजपूतों ने अपनी मातृभूमि की रक्षा में अपने प्राण तक अर्पण कर दिए।

महान् राजा बप्पा रावल की संतति ने राजपूताना को अपने रक्त से सिंचित करके राजवंश का गौरव बढ़ाया और राजपूती शान का वर्चस्व बनाए रखा।

मेवाड़ की गौरवगाथा में ऐसे अनेक वीर और वीरांगनाएँ हुईं, जिनके बारे में सुनकर आश्चर्य होता है और रोमांच भी। मानवीय गुणों की ऐसी कौन सी धाराएँ हैं, जो इस राजवंश में न बहती रही हों। वीरता के लिए महाराणा साँगा (संग्राम सिंह) और महाराणा प्रताप का नाम इतिहास के पन्नों को गौरवान्वित करता है, वहीं स्वामिभक्ति में दुर्गादास, भामाशाह, राठौड़ बींदा, जैतमलोट जैसे वीर पुरुषों का नाम अग्रणी है।

प्रतापी महाराणा कुंभा के पौत्र राजा रायमल के पुत्र राजा संग्राम की वीरता किशोर आयु में ही दिखने लगी थी। ज्येष्ठ भ्राता युवराज पृथ्वीराज और अनुज जयमल की अपेक्षा संग्राम सिंह वीर भी थे और उनके मुख पर वीरता-धीरता तथा संयम-साहस झलकता था। राजा रायमल को वैसे तो अपनी सभी संतानों से प्रेम था, परंतु मँझले पुत्र संग्राम सिंह से उन्हें अपार स्नेह था और यही स्नेह ज्येष्ठ

पृथ्वीराज को शंकित कर रहा था। पृथ्वीराज को लगता था कि मेवाड़ के सिंहासन पर संग्राम सिंह ही बैठेगा, जबकि वंश-परंपरा के अनुसार पहला अधिकार पृथ्वी-राज का था। इस शक को उनके भीतरघाती चाचा सूरजमल ने अपने षड्यंत्र से और भी भड़का दिया था।

सूरजमल राजा रायमल के भाई खेमकरण का पुत्र था, जो मेवाड़ के सिंहासन को हथिया लेना चाहता था। इसमें कोई संदेह नहीं है कि राजपूत-वंशों में सत्ता के लिए सदैव से ही पारिवारिक षड्यंत्र रचे जाते रहे।

महाराणा कुंभा को सन् 1468 ई. में एक षड्यंत्र में फँसकर अपने पुत्र उदय सिंह उर्फ उदा के हाथों प्राण गँवाने पड़े थे और इस षड्यंत्र में स्पष्ट रूप से खेमकरण का ही हाथ था।

इतिहास जैसे फिर से स्वयं को दोहराना चाहता था। खेमकरण का पुत्र सूरजमल आज फिर मेवाड़ की गद्दी पर निगाह गड़ाए हुए था। इसके लिए वह मेवाड़ के उत्तराधिकारियों का खात्मा करने को व्यग्र था। अपनी मीठी जुबान और कपटी चालबाजियों से उसने राजा रायमल के पुत्रों में ऐसी शत्रुता उत्पन्न कर दी थी, जिससे उसका षड्यंत्र सफल होता लग रहा था।

सूरजमल के षड्यंत्र में फँसकर पृथ्वीराज और संग्राम सिंह एक-दूसरे के रक्त के प्यासे हो उठे थे और उसका लाभ तीसरा राजकुमार जयमल उठा रहा था, जो सूरजमल के ही शतरंज का मोहरा था। इस षड्यंत्र ने मेवाड़ रियासत में बहुत उथल-पुथल मचाई थी और शत्रुओं को यह अवसर भी दिया था कि वे मेवाड़ को अपने अधीन कर लें, परंतु पृथ्वीराज और संग्राम सिंह आपस में सत्ता-विरोधी अवश्य थे, मगर राष्ट्र-विरोधी नहीं थे। मेवाड़ की रक्षा में वे अपने प्राण भी दे सकते थे, मगर इन्हीं षड्यंत्रों और घात-प्रतिघातों पर इन राजपुत्रों के पराक्रम का प्रहार होता रहा और मेवाड़ का गौरव न केवल संरक्षित रहा, अपितु महाराणा साँगा के नेतृत्व में दूर तक फैलता गया।

प्रस्तुत पुस्तक 'मेवाड़ केसरी महाराणा साँगा' में उनके अपार धैर्य और असीम पराक्रम की गौरवगाथा है, जो राजपूताना की अमर कहानी है। आशा है, यह पुस्तक आपको अवश्य पसंद आएगी।

—एम.आई. राजस्वी

अनुक्रम

प्रजा-वत्सल महाराणा रायमल

मेवाड़ की राजधानी चित्तौड़ के राज उद्यान में इस समय बड़ा ही सुंदर दृश्य था। मेवाड़ नरेश महाराणा रायमल अपनी पटरानी रतनकँवर के साथ बैठे उद्यान की शोभा को निहार रहे थे। उस भव्य शाही बाग में बैठने का अवसर कभी-कभी ही मिल पाता था। राज-काज और शत्रु-मित्रों की व्यस्तता ही इतनी थी कि महाराणा को अपने परिवार के लिए समय निकाल पाना कठिन होता था। अपनी ग्यारह रानियों में वे रानी रतनकँवर को ही सबसे अधिक प्रेम करते थे। इसी प्रेम के कारण वे बहुत अधिक व्यस्त होने पर भी उनके लिए कुछ समय अवश्य ही निकाल लेते थे।

रानी रतनकँवर से अत्यधिक प्रेम होने का पहला कारण तो यही था कि महाराणा का सबसे पहला विवाह उन्हीं से हुआ था। उस पर भी रानी रतनकँवर ने उन्हें सर्वप्रथम पुत्र-प्राप्ति का सुख दिया था। उन्होंने मेवाड़ राजघराने को युवराज पृथ्वीराज दिया था। यद्यपि उसके बाद रानी वीरकँवर ने भी राजकुमार जयमल को जन्म दिया और फिर अगले ही वर्ष रानी रतनकँवर ने एक और पुत्र राजकुमार संग्राम सिंह को जन्म देकर महाराणा के हृदय में अपने प्रेम तथा महत्त्व को और भी बढ़ा लिया था।

महाराणा रायमल उन वीर शासकों में से थे, जो अपने आन-बान के लिए प्राण तक न्योछावर करने को भी तैयार रहते थे। उनका जीवन मेवाड़ की रक्षा में ही व्यतीत हुआ था। उनके बड़े भाई उदय सिंह उर्फ 'उदा' ने अपने कुटिल षड्यंत्रों से उन्हें कभी चैन से नहीं रहने दिया। यहाँ तक कि उदा ने षड्यंत्र रचकर अपने पिता महाराणा कुंभा को भी भ्रमित कर दिया था। इसी कारण उन्होंने रायमल को मेवाड़ से निष्कासित कर दिया था। रायमल ने निष्कासन का यह समय अपनी रानी रतनकँवर के मायके ईडर में व्यतीत किया था। यह भी उन दोनों के बीच अगाध प्रेम का एक कारण था।

उदा ने सिंहासन पर छल-बल से अधिकार जमाने के लिए सन् 1468 ई. में अपने पिता महाराणा कुंभा की हत्या करने जैसा घृणित कार्य कर डाला और वह कुंभलगढ़ के सिंहासन पर बैठ भी गया। मेवाड़ की प्रजा उस पितृहंता को अपना राजा कैसे मान लेती? अत: उसके विरुद्ध जन-विद्रोह भड़क उठा और 1473 ई. में इस जन-विद्रोह ने उदय सिंह उर्फ 'उदा' को राजसिंहासन से उतार फेंका। अब समस्त प्रजा रायमल को मेवाड़ के शासक के रूप में देखना चाहती थी। अत: मेवाड़ के सभी सरदार ईडर पहुँचे और रायमल को सम्मान सहित चित्तौड़ लाकर उनका राज्याभिषेक कर दिया। अब राणा रायमल के कंधों पर मेवाड़ की सुरक्षा का दायित्व था।

उधर जन-विद्रोह के कारण राजगद्दी से वंचित हो चुका उदय सिंह अपने पुत्रों सूरजमल और सहसमल के साथ अपमान की आग में जल रहा था और किसी भी प्रकार मेवाड़ के सिंहासन को हथियाने का कुचक्र रच रहा था। राजपुताना के किसी भी राजपूत शासक में इतना साहस नहीं था कि वह मेवाड़ के विरुद्ध उदय सिंह की मदद कर पाता। अंतत: निराश उदय सिंह ने उस शत्रु से सहायता माँगी, जो किसी भी तरह राणा कुल का विनाश चाहता था। यह शत्रु मांडू का सुलतान ग्यासुद्दीन खिलजी था, जिसे मेवाड़ की स्वतंत्रता एक आँख न सुहाती थी।

ग्यासुद्दीन खिलजी ने इसे उचित अवसर जानकर उदय को सशर्त सहायता देने का आश्वासन दिया। उसने शर्त के रूप में उदय सिंह की अपनी पुत्री का विवाह अपने शहजादे पुत्र से करने को कहा था, जो राजपूती आन के विरुद्ध था। प्रतिशोध में जलते उदय सिंह ने यह शर्त भी मान ली और उसने ऐसा करने का वचन दे दिया। वह पितृहंता व कुलद्रोही सुल्तान को वचन देकर मांडू के महल से निकला ही था कि घन गरज के साथ उसके ऊपर वज्रपात हुआ और उसके प्राण पखेरू उड़ गए।

सुलतान खिलजी ने इस अवसर को हाथ से जाते देखा तो तत्काल उदयसिंह के पुत्रों से हाथ मिला लिया और उन्हें मेवाड़ के सिंहासन का लालच देकर उनके पिता के मार्ग पर चलने के लिए प्रेरित किया। क्रोध, निराशा और लालच ने सूरजमल और सहसमल की बुद्धि भ्रष्ट कर दी थी।

सुलतान खिलजी ने उसी समय विशाल सेना लेकर चित्तौड़ पर आक्रमण कर दिया। महाराणा रायमल और मेवाड़ की सेना ने इस युद्ध में उसे बुरी तरह पराजित करके यह संकेत दे दिया कि कुछ सपने कभी पूरे नहीं होते। सुल्तान खिलजी इस पराजय से हतोत्साहित न हुआ। उसने फिर से सेना संगठित की और जफर खाँ के नेतृत्व में उसे चित्तौड़ की ओर भेज दिया। इस विशाल तुर्क सेना ने कोटा, भैंस

रोड, शिवपुर आदि क्षेत्रों में भारी रक्तपात किया और फिर मांडलगढ़ की ओर बढ़ी।

जब महाराणा रायमल को यह समाचार मिला तो उन्होंने तुर्क सेना को वहीं पर जा घेरा और पुनः बुरी तरह परास्त कर दिया। इस पराजय ने सुलतान को भयभीत कर दिया। जब महाराणा ने उसके खैराबाद के किले पर अधिकार कर लिया तो सुलतान को संधि के अलावा कोई दूसरा मार्ग न सूझा। उसने अनुनय-विनय करके महाराणा से अपनी गलती की क्षमा माँगी।

महाराणा रायमल के पराक्रम की धूम सभी दिशाओं में गूँजने लगी थी। उन्होंने एक-एक करके लगभग सभी शत्रुओं का दमन कर दिया और मेवाड़ में शांति स्थापित कर ली थी। मगर वे कभी निश्चिंत नहीं रहते थे। वे अपने दायित्व को भली-भाँति जानते थे और उसका निर्वाह भी करते थे। भले ही वे अपने लिए समय नहीं निकाल पाते थे, परंतु अपनी प्रजा के सुख-दुःख में हमेशा आगे रहते थे। यही कारण था कि उनकी छवि प्रजा-वत्सल राजा के रूप में स्थापित हो चुकी थी। उन्होंने अपने राज्य में कई तालाब बनवाकर जल की समस्या का समाधान किया और मनोरम सरोवरों का निर्माण करके चित्तौड़ की भव्यता में चार चाँद लगा दिए। उनका यह राजकीय उद्यान इतना मनोरम था कि वहाँ चार घड़ी बिताकर चिंताएँ दूर हो जाती थीं।

''राणाजी!'' रानी रतनकँवर ने प्रेम से परिपूर्ण स्वर में कहा, ''मैं बड़ी सौभाग्यवती हूँ, जो आपके प्रेम के अविस्मरणीय क्षण मुझे बारंबार प्राप्त होते रहते हैं। इतने व्यस्त जीवन में भी आपकी यह कृपा मुझे विभोर कर देती है।''

'' रानीजी!'' महाराणा गंभीरता से बोले, ''ईश्वर की कृपा रही तो अब हमारे राज्य में चारों ओर सुख-शांति रहेगी। प्रजा को कोई कष्ट न होगा, तो हमारे पास समय-ही-समय होगा। हमने शत्रुओं का दमन तो कर दिया है, फिर भी कुछ ऐसी समस्याएँ हैं, जो हमारी प्रजा को कष्ट दे रही हैं। हम शीघ्र ही उनका भी समाधान करेंगे, फिर युवराज पृथ्वी को राज्यभार सौंपकर जीवन का आनंद लेंगे।''

''अभी तो कुमार पृथ्वी चौदह वर्ष का ही हुआ है। आप अभी से शासन से कैसे विमुक्त हो सकते हैं।'' रानी ने हँसकर कहा, ''राणाजी! अभी हमारा ऐसा सौभाग्य कहाँ कि हम प्रतिदिन, प्रतिक्षण आपके प्रेम का सुख प्राप्त कर सकें! यह क्षणिक प्रेमालय भी मिलता रहे तो अच्छा है।''

''ईश्वर पर विश्वास रखो, महारानी!'' महाराजा रायमल रानी रतनकँवर को सांत्वना देते हुए बोले, ''समय से पूर्व और भाग्य से अधिक किसी को कुछ नहीं मिलता। राजपूताना में तो प्रेम के लिए वैसे भी समय और परिस्थितियाँ सामान्य नहीं रहतीं।''

''आपका कथन सर्वथा सत्य है, राणाजी!'' रानी रतनकँवर अर्थपूर्ण स्वर में बोलीं, ''राजपूताना में तो पुष्पों से अधिक कटारें पल्लवित होती हैं और राजपूतों को इनसे ही अधिक प्रेम होता है।''

''महारानी, हमें तो तुमसे अत्यधिक प्रेम है और तुम तो कदाचित् कटार नहीं हो!''

महाराणा हँसते हुए बोले, रानी रतनकँवर लजाते हुए महाराणा के अंकपाश में मुँह छुपाने का असफल प्रयास करने लगीं।

□

कुमारों का आखेट-गमन

कुँवर पृथ्वीराज अपने दोनों छोटे भाइयों जयमल और संग्राम सिंह के साथ मेवाड़ के मरुस्थलीय वन में आखेट के लिए आए थे। उनके साथ कई राजपूत सरदार और सैनिक थे। इसी आखेट दल में सूरजमल भी था। सूरजमल उदयसिंह का बड़ा बेटा था, जो पिता की मृत्यु के बाद महाराणा रायमल की शरण में आ गया था। आयु में वह पृथ्वीराज से दो साल बड़ा था। उसका व्यवहार भी मधुरभाषी था और वह सूरजमल को काका कहते थे, बड़ा होने के नाते उनका सम्मान भी करते थे। सूरजमल उन विशेष कुटिलों में से था, जो सरलता से पहचान में नहीं आते।

कुँवर पृथ्वी अपने भाइयों सहित अधिक समय उसी के साथ बिताते और उसकी ज्ञान भरी बातों को बड़े ध्यान से सुनते। तीनों कुमार किशोर हो चले थे और उनके बलिष्ठ शरीर व ललाट से चमकते राजपूती तेज को देखकर मेवाड़ की प्रजा हर्षित होती थी। तीनों ही कुमारों ने तलवारबाजी, मल्लयुद्ध और घुड़सवारी में दक्षता प्राप्त कर ली थी। जब मेवाड़ का वार्षिकोत्सव हुआ तो सारी प्रजा उनका कौशल देखकर तालियाँ बजाती थी। तीनों कुमार वीर, बलवान और दक्ष थे, परंतु जब संग्राम सिंह ने अपने कौशल का प्रदर्शन किया तो महाराणा रायमल ने सिंहासन से उतरकर उन्हें अपनी भुजाओं में भर लिया। तीनों किशोर भाइयों में छोटे होने के नाते संग्राम सिंह पर महाराणा का यह प्रेम स्वाभाविक भी था, परंतु कुछ नेत्रों में इस प्रेम-प्रदर्शन पर कुटिल मुसकराहट तैर रही थी।

इसके अतिरिक्त तीनों कुमारों के व्यवहार में भी कुछ अंतर था। जहाँ कुँवर पृथ्वी को अपनी वीरता, अपने युवराज और राजपुत्र होने का गर्व था, वहीं संग्राम सिंह प्रजाजनों में अपने मधुर व्यवहार के कारण प्रसिद्ध हो रहे थे। जयमल को पिछले कुछ दिनों से जाने क्यों ऐसा लग रहा था कि वह राजपुत्र अवश्य है, परंतु

उन दोनों कुमारों की भाँति उसे सम्मान की दृष्टि से नहीं देखा जाता। यह बात उसके दिमाग में सूरजमल की ज्ञानवाणी ने भर दी थी।

''कुँवर, इसमें दुखी होने जैसा तो कुछ नहीं। प्रजा तो सदैव ही पटरानी के पुत्रों को महत्त्व देती है। लक्ष्मण या भरत भी तो राजकुमार ही थे, परंतु उन्हें भी राम जैसा सम्मान कभी नहीं मिला।''

सूरजमल की ज्ञानवाणी में छुपी कुटिलता को जयमल क्या समझता? उसे जब भी अवसर मिलता, वह जयमल की ईर्ष्या के हार में अपने कुटिल ज्ञान का मोती प्रेम से पिरो देता। कई बार कुँवर पृथ्वी और संग्राम भी अपने काका की उन भेद भरी बातों में आकर एक-दूसरे से उलझ पड़ते थे। सूरजमल शिक्षा भरी राय देकर उनमें सुलह भी कराता था। इसी कारण किसी को तनिक भी उस पर शंका या अविश्वास नहीं होता था।

आज आखेट पर जाते समय तीनों कुमार बड़े प्रसन्न थे, किसी शिकार की खोज में अपने घोड़ों को आगे बढ़ा रहे थे।

''काका! आज तो कोई शेर मिल जाए।'' कुँवर पृथ्वीराज ने कहा, ''फिर देखना मेरी तलवार कैसे उसकी चपलता और बल का मानमर्दन करती है।''

''उससे पहले तो मेरा बाण उसे बींध डालेगा भ्राताश्री!'' संग्राम सिंह ने उत्साह से कहा, ''इधर दिखा नहीं कि उधर मैंने धराशायी किया।''

पृथ्वीराज ने रोष भरी दृष्टि से संग्राम को देखा, जो मुसकरा रहा था, उसने फिर काका की ओर देखा।

''शेर इन मरुस्थलों में कहाँ मिलते हैं कुमारो!'' सूरजमल ने कहा, ''शेर तो मालवा के पहाड़ों और गिर के जंगलों में मिलते हैं। शेर के शिकार की इच्छा तो तभी पूरी होगी, जब आप बड़े होकर इन क्षेत्रों को जीतेंगे। वैसे आप भी तो शेर हैं। एक जंगल में दो तरह के शेर कैसे हो सकते हैं। क्यों कुँवर जयमल! तुम कुछ नहीं बोलोगे?''

''काका, मैं जब शेर का शिकार करूँगा तो इसी मरुस्थल में करूँगा।'' जयमल ने अपने विचार व्यक्त कर दिए, ''आप भी साक्षी होंगे।''

''भ्राताश्री,'' संग्राम सिंह ने कहा, ''हमारी सहायता के बिना शेर का शिकार संभव न होगा। कभी हमारी अनुपस्थिति में आखेट को मत चले आना।''

''अनुज, तुम अपने आपको समझते क्या हो?'' पृथ्वीराज भड़क उठा, ''क्या तुम ही अकेले वीर हो? हमारी रगों में भी उन्हीं वीर राणाओं का रक्त प्रवाहित हो रहा है, जो तुम्हारी रगों में है। तुम अपने को श्रेष्ठ क्यों कहते हो?''

''भ्राताओ। श्रेष्ठ किसी के कहने से कोई नहीं बनता। श्रेष्ठता तो समय आने पर सिद्ध की जाती है। क्यों काका, यही बात है न?''

''बात तो सोलह आने सत्य है कुमार, परंतु अपनों के बीच इसे उठाना उचित नहीं होता। तुम तीनों श्रेष्ठ हो और मिलकर सर्वश्रेष्ठ बन जाते हो। मेरी राय में तो सर्वश्रेष्ठ ही बने रहो, यही हमारे कुल के लिए उचित रहेगा। अब किसी शिकार पर अपना ध्यान लगाओ।''

अभी तीनों कुमार सामान्य भी न हुए थे कि एक ओर से शोर उठा। ऐसा प्रतीत हुआ कि कुछ लोगों को पीटा जा रहा है। तत्काल आखेट दल के घोड़े द्रुतगति से उस दिशा में दौड़ पड़े और घटनास्थल पर पहुँचे तो देखा कि आठ-दस पथिक घायल पड़े हैं और कराह रहे हैं।

''कौन हैं ये सब? इनकी यह दशा किसने की?'' पृथ्वी सिंह ने पूछा।

सूरजमल अपने घोड़े से उतरकर घायलों के पास पहुँचा।

''हम सभी व्यापारी हैं। मालवा से व्यापार करने चले थे। यहाँ रेगिस्तानी लुटेरों ने हमें घेर लिया। वे सौ के आसपास थे। उन्होंने हमारा सारा धन लूट लिया और हमारी यह दशा कर दी।'' एक घायल ने बताया।

''रेगिस्तानी लुटेरे,'' संग्राम सिंह का चेहरा क्रोध से भभक उठा, ''हमारे राज्य की सीमा में पथिकों को इतना कष्ट सहना पड़ता है।''

''कुमार,'' एक सरदार ने कहा, ''इन रेगिस्तानी टीलों में बहुत साल पहले जंगली लुटेरों का आतंक व्याप्त था। प्रजा और पथिकों की शिकायत पर महाराणा ने उसे ढूँढ़ निकाला था और अपनी तलवार से उसका वध कर दिया था। उसके बहुत से साथी या तो मारे गए या चित्तौड़ के कारागृह में बंदी पड़े हैं। यह अवश्य ही कोई नया गिरोह है।''

''हमें पिताश्री को शीघ्र ही सूचित करना होगा।'' जयमल ने कहा।

'' पिताश्री को क्यों भ्राताश्री?'' संग्राम सिंह ने दृढ स्वर में कहा,''क्या हमारी तलवारें शत्रुरक्त की प्यासी नहीं हैं? हम आखेट के लिए आए थे, हमें उन दुष्ट लुटेरों से अच्छा शिकार और क्या मिलेगा? उनके लिए तो हमारी ये तलवारें ही काफी हैं।''

''संग्राम ठीक कहता है।'' पृथ्वीराज ने कहा, ''लुटेरे अभी अधिक दूर नहीं गए होंगे। रेतीली भूमि पर उनके चिह्नों से उन्हें ढूँढ़ने में भी कठिनाई न होगी काका। आप इन घायलों के उपचार की व्यवस्था करें और हम इस रेगिस्तान को भयमुक्त करते हैं। चलो अनुजो।''

कुछ सैनिक सूरजमल के पास घायल पथिकों को चित्तौड़ ले जाने के लिए छोड़ दिए गए और शेष छोटी सी सेना तीनों कुमारों के साथ उन लुटेरों की खोज में आगे बढ़ गई। संग्राम सिंह की चीते जैसी दृष्टि उन चिह्नों पर टिकी थी, जो लुटेरे घुड़सवारों के घोड़ों के पैरों के थे। अंततः एक घेरा बनाकर तीनों राजपुत्रों ने उस लुटेरे दल को घेर लिया।

□

एक उत्तम सुझाव

महाराणा रायमल को जिस समय समाचार मिला, उस समय वे राजउद्यान से लौटकर दरबार में पहुँचे थे। तत्काल सूरजमल को बुलाया गया, जो घायल पथिकों के साथ वैद्य के पास था। उसके आने तक दरबार में विद्यमान राजपूत सरदारों में व्यग्रता फैली रही।

''महाराज।'' सेनापति ने व्यग्रता से कहा, '' रेगिस्तानी क्षेत्र में इस प्रकार की सूचना कई दिनों से मिल रही थी। अब आप शीघ्र आदेश करें, ताकि हम सेना ले जाकर उन उत्पाती लुटेरों को दंड दे सकें।'' महाराणा ने दृढता से कहा, ''सेनाओं को सेनाओं से युद्ध करना होता है, लुटेरों से नहीं। उनके लिए तो मेवाड़ के वे तीन सिंह ही पर्याप्त होंगे, जो अपने तीखे नाखूनों से उन लुटेरों के कलेजे फाड़कर भूमि पर डाल देंगे। कुँवर पृथ्वीराज की तलवार में इतना पराक्रम है और उस पर भी कुँवर साँगा भी उनके साथ हैं, इसलिए उस ओर से निश्चिंत रहो। सेना जब तक वहाँ पहुँचेगी, रणभूमि में लुटेरों के शव बिखरे मिलेंगे।''

बहुत से दरबारियों ने महाराणा की बात का अनुमादेन किया। सभी को मेवाड़ के वीर राजकुमारों के पराक्रम पर विश्वास था। कुछ देर बाद सूरजमल भी वहाँ आ गया।

''कुमार! आखेट पर क्या हुआ, सविस्तार बताओ ?'' महाराणा ने पूछा।

सूरजमल ने बड़े ही गंभीर अंदाज में सारी बात कह सुनाई।

''हूँ ऽऽऽ! बहुत पहले एक और लुटेरे ने ऐसा आतंक मचाया था, जो हमारी तलवार के एक ही वार से धराशायी हो गया था। आज तो मेवाड़ का खौलता-उबलता किशोर रक्त उन शत्रुओं के सामने है, इसलिए चिंतित होने की कोई बात नहीं, परंतु कुमार! तुम्हें भी तो इस अभियान पर जाना चाहिए था। तीनों कुमार वीर हैं, साहसी हैं, परंतु अभी उन्हें मार्गदर्शन की आवश्यकता है, इसलिए हमने तुम्हें

यह दायित्व दिया है।''

''महाराज! जिनकी तलवारें म्यान से निकलते ही बिजली कड़काती हैं और शत्रु का हृदय कंपित हो जाता है, ऐसे वीर राजपुत्रों को रणभूमि में किसी मार्गदर्शन की क्या आवश्यकता? ऐसे छोटे-छोटे रण के लिए तो अकेले कुँवर संग्राम सिंह ही पर्याप्त हैं, इस पर बड़े और मझले कुँवर भी उनके साथ हैं तो विजय में कोई संदेह ही नहीं, फिर भी मैं जाना चाहता था, परंतु कुँवर संग्राम सिंह ने घायल पथिकों के उपचार की व्यवस्था का कार्य मुझे सौंप दिया, जो कि मानवीय धर्म था। मेरे मना करने पर संभवतः कुमारों को लगता कि मैं उनकी वीरता के प्रति आश्वस्त नहीं हूँ।''

''शाबाश कुमार! तुम वास्तव में वीर ही नहीं, बुद्धिमान भी हो।'' महाराणा ने प्रसन्न होकर कहा,''वीर की वीरता पर वीर ही विश्वास करते हैं। तुमने सही सोचा कि तीनों कुमार इससे आहत हो सकते थे। अब इन घायलों की दशा भी बताओ।''

''घायलों में तीन की दशा गंभीर है, तथापि वैद्य का कहना है कि खतरे की कोई बात नहीं। शेष सात घायल तो हैं, परंतु शीघ्र स्वस्थ हो जाएँगे।''

''हूँ ऽऽऽ सेनापति! यद्यपि आज तीनों कुमार उनमें से किसी लुटेरे को जीवित छोड़कर नहीं आएँगे, परंतु हमें निश्चिंत नहीं होना चाहिए। वह व्यापारिक मार्ग हमें निष्कंटक और निर्भय करना होगा। अतः उस मार्ग पर उचित स्थान देखकर कुछ सैनिक शिविर स्थापित किए जाएँ और पथिकों के विश्राम की उचित व्यवस्था की जाए।''

''जो आज्ञा महाराज, आदेश का शीघ्र पालन होगा।''

''और शत्रु का शिकार करके लौटने वाले राजकुमारों के भव्य स्वागत की तैयारी की जाए। इसे मेवाड़ के राजकुमारों के उज्ज्वल भविष्य को इंगित करता हुआ अभ्यास अभियान समझा जाए। मेवाड़ की गौरवशाली वंश-परंपरा के अध्याय में यह आखेट और भी नए कीर्ति-स्तंभों की स्थापना करेगा, ऐसा हमारा विश्वास है। प्रजा को विजयोत्सव मनाने की सूचना दी जाए और विजयी कुमारों के नाम पर राजकोष से प्रजा में धनदान, वस्त्रदान और अन्नदान किया जाए। रात्रि होने पर समय संकट सरोवर में दीपदान का उत्सव हो।''

''जो आज्ञा महाराज!''

''महाराज!'' सूरजमल ने प्रार्थना भरे स्वर में कहा, ''यद्यपि आपकी दयादृष्टि से सभी को कृपालाभ होगा, परंतु मैं आपका ध्यान उन घायल पथिकों की ओर इंगित कराने की धृष्टता कर रहा हूँ, जो इस उत्सव का कारण भी बने हैं और उन्होंने बहुत हानि उठाई है। महाराज की कृपा से उनकी हानि की पूर्ति हो जाए तो वे हमारे शत्रु

मालवराज के सामने मेवाड़ की प्रशंसा और उदारता का गुणगान अवश्य करेंगे।''

''शाबाश कुमार! तुमने निश्चय ही एक उत्तम सुझाव दिया है। वास्तव में कुमारों के विजय-अभियान की प्रसन्नता में हम इस बात को भूल ही गए थे। उन पथिक को जो धनहानि हुई है, उसका दोगुना धन उन्हें दिया जाएगा।''

''महाराज की जय हो!'' सूरजमल ने उच्च स्वर में कहा। अन्य दरबारी भी महाराणा की उदारता में जयघोष कर उठे।

□

ईर्ष्या की आग

समया संकट सरोवर के जल में तैरते असंख्य दीपों के सामूहिक झिलमिल प्रकाश से आसपास का वातावरण आलोकित हो रहा था और उस प्रकाश में चित्तौड़ की रमणियाँ बड़ा ही लुभावना नृत्य कर रही थीं। वाद्ययंत्रों से निकलते सुमधुर स्वर उस आनंदोत्सव को और भी मोहक बना रहे थे। महाराणा रायमल अपनी सभी रानियों और परिजनों सहित इस उत्सव का आनंद ले रहे थे। मेवाड़ में विजयोत्सव पर दीपदान की परंपरा बहुत पुरानी रही है। इस अवसर पर प्रजा को भोजन और दान दिया जाता था। प्रजाजनों के लिए ऐसे अवसर धनवर्षा योग जैसे होते थे।

युवराज पृथ्वीराज अपने हमउम्र साथियों में आज के अभियान का वर्णन कर रहे थे तो कुँवर संग्राम सिंह अपने पिता और माताओं का दुलार लेने में व्यस्त थे। इन दोनों के विपरीत राजकुमार जयमल एक कोने में निराश खड़े अपने भाइयों को हँसते-खिलखिलाते हुए देखकर ईर्ष्या की आग में जल रहे थे।

आज आखेट के समय संग्राम सिंह ने व्यंग्य भरी बातें तो कही ही थीं, उस पर उन दोनों भाइयों की सामूहिक एकता ने और भी ईर्ष्या पैदा कर दी थी। उसके बाद रही-सही कसर लुटेरों से टकराव होने पर उन दोनों के पराक्रम ने पूरी कर दी, जब वे दोनों भाई एक-दूसरे को उत्साहित करते हुए लुटेरों पर टूट पड़े थे। यद्यपि जयमल ने भी अपनी तलवार से दर्जनों लुटेरों को यमलोक पहुँचाया था, परंतु अधिक शिकार संग्राम सिंह की तलवार से ही हुए थे। विजयोन्माद में लौटते हुए पृथ्वी ने इस बात पर व्यंग्यात्मक टिप्पणी कर दी थी।

''अनुज जयमल,'' पृथ्वीराज ने कहा था,''तुमने तो नाहक ही तलवार को म्यान से बाहर निकालने का कष्ट किया। तनिक देख तो लो कि उस पर शत्रु के रक्त की कोई बूँद लगी भी है या नहीं।''

''राजपूती तलवार म्यान से निकालकर बिना रक्तपान कराए म्यान में नहीं रखी जाती भ्राताश्री!'' जयमल ने तिलमिलाकर कहा,''यह तो पहला ही अवसर था। अभी तो आगे बहुत से ऐसे अवसर आएँगे।''

इस बात पर संग्राम सिंह खिलखिलाकर हँस दिया था और जयमल को खून का घूँट पीकर रह जाना पड़ा था। इन बातों का स्मरण करके उस उत्सव में भी उसका मन उद्वेलित हो रहा था। क्या वह वीर नहीं था? क्या प्रशंसा और सम्मान के लिए पटरानी के गर्भ से ही जन्म लेना अनिवार्य?

इन सब प्रश्नों ने जयमल के किशोर मस्तिष्क को मथ दिया था।

सूरजमल के लिए उसकी मनोस्थिति ताड़ना कोई कठिन काम नहीं था और ऐसे अवसर से चूकना तो उसने सीखा ही नहीं था।

''क्या बात है कुमार? इस आनंद के अवसर पर ऐसी उदासी क्यों? यह उत्सव तो तुम्हारी विजय के उपलक्ष्य में मनाया गया है।'' सूरजमल ने जयमल के पास आते हुए गंभीर स्वर में कहा,''इस नैराश्य से बाहर आओ और उधर देखो, कितना सुंदर नृत्य हो रहा है!''

''काका! यह उत्सव तो युवराज पृथ्वी और राजकुमार संग्राम की विजय के उपलक्ष्य में आयोजित हुआ है।'' जयमल ईर्ष्या की आग में जलते हुए बोला, ''हम तो इनकी प्रजा हैं, सहायक भी मान लिया जाए तो बड़ी बात है।''

''ऐसा क्यों सोचते हो कुमार? राजपुत्र सदैव राजपुत्र रहते हैं। दुभार्ग्य ही हो तो अलग बात है। मुझे ही देखो, क्या मैं राजपुत्र नहीं हूँ? क्या मेरी वीरता पर संदेह किया जा सकता है? मैं फिर भी शरणागत ही तो हूँ। क्या महाराणा कुंभा के विशाल साम्राज्य में हमारा इतना भी अधिकार नहीं था, परंतु इस दुर्भाग्य से कौन जीते!''

''मेरे साथ भी यही होगा।'' जयमल ने जैसे स्वत: भाषण किया।

''इतनी निराशावादी सोच क्यों रखते हो? तुम्हारे पिता तुम्हारे लिए कोई छोटी-मोटी रियासत अवश्य ही देंगे, ताकि तुम किसी के शरणागत न रहो।''

''मुझे कोई रियासत नहीं, मेवाड़ चाहिए।'' जयमल ने दृढ स्वर में कहा।

''यह कैसे संभव है? युवराज तो पृथ्वीराज हैं। वे भी न हों तो पराक्रमी संग्राम सिंह हैं।'' सूरजमल ने सिर हिलाते हुए कहा, ''यह असंभव है कुमार!''

''मैं असंभव को संभव कर सकता हूँ। मैं उन राजपूतों में से नहीं हूँ, जो अपने अधिकार छिन जाने पर दुर्भाग्य का रोना रोते हैं।'' जयमल ने दृढ़ता से कहा, ''सिंहासन पर उसका अधिकार होता है, जिसकी भुजाओं में बल और दिमाग में बुद्धि होती है। मेरे पास भुजबल अवश्य कम हो सकता है, परंतु बुद्धि तो है और

यदि आप मेरा साथ दें तो··· ।''

''कुमार जयमल! तुम्हारे इन कुविचारों का मैं समर्थन नहीं कर सकता।'' जयमल के मन की थाह लेने की कोशिश करता हुआ सूरजमल बोला, ''मेवाड़ राजवंश में इस प्रकार के षड्यंत्रों ने सदैव से ही पारिवारिक क्लेश को बढ़ाया है।''

''और इस अन्याय ने शरणागतों को!''

'' कुमार! तुम्हारा अभिप्राय मैं समझ रहा हूँ।'' सूरजमल मन-ही-मन मुदित होते हुए बोला, ''निश्चय ही इस राजवंश में स्थापित सत्ता प्रणाली अनुचित है, जिसमें अधिकारों का हनन होता है। जो योग्य होते हैं, उन्हें इस पद्धति ने वंचितों की श्रेणी में ला दिया है, परंतु··· ।''

''काका, अपने मन की पीड़ा को इस प्रकार दबाना उचित नहीं है।'' जयमल ने कहा, ''आप बुद्धिमान हैं और आपको राजनीति का भी अच्छा ज्ञान है। अपने ज्ञान से अपना भविष्य सँवारने का सभी को मानवीय अधिकार होता है। क्या आप स्वयं सदैव शरणागत रहने की इच्छा मन में पाले बैठे हैं और क्या यही आप सब मेरे लिए सोच रहे हैं? क्या आपने राम-लक्ष्मण का दृष्टांत अकारण दिया था?''

''कुमार, मुझे गलत न समझना। अधिकारों के प्रति सभी सजीव प्राणी सजग रहते हैं और महत्त्वाकांक्षा सभी पालते हैं। मैं भी इन भावों से विलग नहीं हूँ, परंतु ऐसी महत्त्वाकांक्षाओं की पूर्ति बिना राजाश्रय के नहीं होती। मैं शरणार्थी हूँ और अपनी क्षमता से अधिक पैर फैलाकर आत्मघाती कदम उठाने में मैं स्वयं को असमर्थ समझता हूँ। हाँ, यदि तुम मेरी सुरक्षा का आश्वासन दो तो मैं जोखिम उठाने का साहस कर सकता हूँ।''

''मैं आश्वासन नहीं वचन देता हूँ कि किसी विपरीत परिस्थिति में भले ही मेरे प्राण चले जाएँ, फिर भी मैं आप पर आँच नहीं आने दूँगा। यह एक राजपूत का वचन है काका!'' जयमल ने खुलकर अपनी ईर्ष्या का प्रदर्शन किया, ''वह देखिए, पृथ्वी और साँगा को! प्रजाजन और परिजन उनके सामने किस प्रकार बिछे जा रहे हैं, जैसे आज की विजय केवल इन्हीं के पराक्रम से हुई है। क्या मैं उस अभियान का हिस्सा नहीं हूँ? एक बार भी किसी ने मेरी प्रशंसा में एक शब्द तक नहीं कहा। हाँ, सामूहिक स्वागत में अवश्य विजयमाला पड़ी थी।''

''यही राजपूती परंपराएँ तो हमें भी पसंद नहीं हैं कुमार! हम राज्य की रक्षा में रक्त बहाने से कभी पीछे नहीं रहते, परंतु हमें राजपरिवार का सदस्य नहीं माना जाता। हम केवल सैनिक की भाँति प्रयोग में लाए जाते हैं।''

''फिर भी आप मौन रहकर शरणागत बने हुए हैं।''

''असमर्थ और असहाय को परिस्थितियों से समझौता करना ही पड़ता है। जब तक बलवान् का आश्रय न हो, महत्त्वाकांक्षाएँ दबाए रखने में ही भलाई है, अन्यथा मृतकों की सूची में नाम लिख दिया जाता है।''

''काका! अभी हमारे शत्रु भी इतने बलवान् नहीं हैं कि सुदृढ योजना बनाकर उन्हें अपने मार्ग से न हटाया जा सके। कोई तो ऐसी योजना होगी, जिससे हमारा मनोरथ सिद्ध हो सके?'' जयमल ने कहा।

''अब तो मुझे तुम्हारा आश्रय प्राप्त हो गया है। अत: शीघ्र ही मैं कोई ऐसी योजना सोचता हूँ कि मेवाड़ के सिंहासन पर तुम्हारा अधिकार निष्कंटक हो जाए, परंतु स्मरण रहे कि हमारे उद्‌देश्य की भनक किसी को न लगे। इस राजनीति की पहली शर्त यही होती है कि इसमें गोपनीयता रहनी चाहिए।''

''मैं इस बात को भली-भाँति जानता हूँ।''

''तो जाओ और प्रसन्नता से कुँवर संग्राम सिंह की प्रशंसा में गुणगान करो।''

जयमल ने सहमति में सिर हिला दिया।

□

सूरजमल की कुटिल चाल

दीपदान के उत्सव में रात भर नृत्य-गान होता रहा और उसी अनुपात में कुँवर संग्राम सिंह की प्रशंसा होती रही। कुछ समय पश्चात् संग्राम सिंह भी आश्चर्यचकित हो गए कि उन्होंने ऐसा कौन सा काम कर दिया है, जो इतनी प्रशंसा केवल उन्हें ही मिल रही है। इस गुणगान ने कुँवर पृथ्वीराज को भी असहज कर दिया था।

आज के विजय अभियान में पृथ्वीराज ने संग्राम सिंह से अधिक नहीं तो कम भी योगदान नहीं किया था, फिर भी उपस्थित जन-समुदाय क्यों संग्राम सिंह की ही प्रशंसा में मग्न था और महाराणा भी बार-बार संग्राम सिंह को अपने हृदय से लगाकर क्या सिद्ध कर रहे थे? यह देखकर अब युवराज पृथ्वी को बार-बार यह आशंका होने लगी थी कि कहीं उसका राज्याधिकार संकट में तो नहीं है? पृथ्वीराज ने जैसे-तैसे करके वह रात बिताई और प्रात: होते ही वह आशंकित हृदय के साथ सूरजमल के पास ही जा पहुँचा।

सूरजमल पृथ्वीराज का मलिन मुख देखकर तुरंत ताड़ गया कि उसकी चाल सफल रही।

''काका! मुझे विचित्र आभास हो रहा है।'' पृथ्वी ने गंभीर स्वर में कहा, ''प्रतीत होता है कि संग्राम सिंह का मोह महाराणा को सत्ता-परंपरा बदल देने को प्रेरित कर रहा है। उन्हें मेवाड़ के भावी शासक की छवि संभवत: संग्राम सिंह में ही दिखाई देने लगी है, क्योंकि जन-साधारण उसी की प्रशंसा के गीत गा रहा है।''

''कुमार, ऐसा संदेह क्यों?'' सूरजमल ने कृत्रिम आश्चर्य प्रकट किया, ''तुम मेवाड़ के युवराज हो और सिंहासन के अधिकारी हो। महाराणा ऐसा कैसे कर सकते हैं? कल जितना प्रशंसनीय कार्य संग्राम ने किया, वैसा ही तुमने भी किया। तुम सबका सामूहिक स्वागत तो समान रूप से हुआ है।''

''फिर रात के उत्सव में प्रजाजनों द्वारा संग्राम की प्रशंसा में अधिकता क्यों?''

''प्रजा तो भोली होती है। उसे लालच देकर मैं भी अपनी प्रशंसा करा सकता हूँ। किसी की प्रशंसा करना पाप अथवा अपराध की श्रेणी में नहीं आता। यदि उस पर भी एक-दो स्वर्ण मुद्रा मिल जाएँ तो कौन प्रजाजन प्रशंसा करने से पीछे रहेगा?''

''अर्थात्...अर्थात् संग्राम अपनी प्रशंसा धन देकर करा रहा है।'' पृथ्वीराज ने आश्चर्य से कहा, ''इसका अर्थ तो यह भी हुआ कि वह राजसिंहासन पाने के लिए वातावरण तैयार कर रहा है?''

''ऐसा हो भी सकता है और नहीं भी हो सकता। कुछ लोग प्रशंसा के भूखे होते हैं, पद के नहीं। इस विषय में तो संग्राम ही कुछ बता सकता है।''

''वह क्यों बताने लगा? यदि उसके मन में कुछ ऐसी बात है तो वह अपने कुटिल षड्यंत्र को कदापि प्रकट नहीं होने देगा।'' पृथ्वी के स्वर में गहन गंभीरता थी।

''पूछने की कला हो तो गुप्त रहस्य भी उगलवाए जा सकते हैं।''

''यह कला मुझमें कहाँ है, काका?''

''तुम्हारे काका में तो है।'' सूरजमल अपनी कुटिलता पर सरलता का आवरण डालते हुए बोला, ''कुमार! जब सहोदर भाइयों में सत्ता को लेकर द्वेष, वैमनस्य और स्पर्धा उत्पन्न हो जाए तो राज्य के लिए घातक सिद्ध होती है। जो ऊर्जा राज्य के विकास में लगे, उसे पारस्परिक क्लेश में लगाना उचित नहीं है। कुमार संग्राम यदि ऐसा कर रहे हैं तो यह अनुचित है और अनुचित का साथ कम-से-कम मैं नहीं दे सकता। मैं अवश्य इस बात को स्पष्ट करना चाहूँगा कि कुमार संग्राम के हृदय में क्या है? मैं सदैव अधिकारों के हनन और अतिक्रमण का विरोधी रहा हूँ।''

''और यदि संग्राम के हृदय में यही हुआ?''

''तो इसका भी निराकरण किया जाएगा। कुमार संग्राम की इस कुटिलता से महाराणा को ही नहीं, प्रजा को भी अवगत कराया जाएगा।''

''और यदि इससे भी मेरे अधिकार की रक्षा न हुई?''

''कुमार! इतने निराशावादी मत बनो। मैं तुम्हारे साथ हूँ।''

पृथ्वीराज के निराश मुख पर आशा की किरण झलक उठी।

''कुमार! इस कार्य में विलंब करना उचित नहीं है, क्योंकि राजनीति में प्रचार से जनमत बनता है और इससे जनशक्ति मिलती है। मेरे विचार से आज ही इस विषय में संतुष्ट होना अधिक उचित रहेगा।''

''आप जैसा भी उचित समझें, काका!''

"यह भी अत्यंत आवश्यक है कि ऐसी वार्त्ता पूर्णतया गुप्त रहे। हमें ऐसे स्थान पर वार्त्ता करनी होगी, जहाँ पूर्णतया एकांत हो। मेरे विचार से नागर मगरे का चारण मंदिर इस वार्त्ता के लिए उपयुक्त होगा।"

"यह उचित स्थान है और प्राय: वहाँ सन्नाटा ही रहता है।"

"मेरे विचार से कुमार जयमल को भी वहाँ नहीं होना चाहिए। अत: यही उचित रहेगा, उसे भी अभी कुछ पता न चले। तुम दोनों एक ही माता की संतान हो। वह तुम्हारा भाई अवश्य है, परंतु इस स्थिति का लाभ उठाने के विषय में सोच सकता है। यह ठीक वैसी स्थिति बन जाएगी, जैसे एक रोटी के लिए लड़ती दो बिल्लियों का पंच एक बंदर बन बैठा हो।"

"मैं आपकी बात भली-भाँति समझ रहा हूँ।"

"ठीक है, तुम वहाँ पहुँचो। कुमार जयमल को भनक दिए बिना मैं किसी भी प्रकार कुमार संग्राम को वहाँ लेकर आता हूँ।"

कुमार पृथ्वीराज ने सहमति में सिर हिलाया और वहाँ से चल पड़ा। मार्ग में उसे यह प्रश्न कचोटता रहा कि यदि संग्राम सिंह वास्तव में सिंहासन के लिए ऐसा कर रहा है तो वह क्या करे? कैसे अपने अधिकार को सुरक्षित रखे? उसने सगे भाई से ऐसी आशा कभी न की थी। इन्हीं विचारों में डूबा पृथ्वीराज नागर मगरे स्थित चारणी माता के मंदिर के समीप वाले उद्यान में जा पहुँचा और एक शिला पर बैठकर विचारमग्न हो गया।

काफी देर की प्रतीक्षा के पश्चात् उसे काका सूरजमल के साथ संग्राम सिंह आता दिखाई दिया। जयमल उनके साथ नहीं था। ऐसा कम ही होता था कि भ्रमण, विहार और आखेट पर जयमल उनके साथ न हो। वास्तव में आज काका ने बड़ी दूरदर्शिता का परिचय दिया था।

"अरे भ्राताश्री, आप यहाँ हैं? जयमल वीरजी कहाँ हैं?" संग्राम सिंह आश्चर्य से बोला, "काका! आपने भी नहीं बताया कि हम यहाँ आ रहे हैं।"

"अनुज, कुछ बातें बिना बताए भी संकेत करने लगती हैं।" कुँवर पृथ्वीराज भावहीन स्वर में बोले, "बस उनकी संतुष्टि हो जाना शेष रह जाता है।"

"मैं आपका अभिप्राय नहीं समझ पाया।"

"मैं समझाता हूँ कुमार!" सूरजमल गंभीर होने का अभिनय करते हुए बोला, "वास्तव में कुमार पृथ्वी यह आभास कर रहे हैं कि मेवाड़ की प्रजा और पूज्य महाराणा की दृष्टि में तुम ही मेवाड़ के भावी शासक हो।"

"मैंऽऽऽ!" संग्राम का आश्चर्य और बढ़ गया, "काका, प्रजा और पिताश्री

क्या दृष्टिकोण रखते हैं, यह मुझे ज्ञात नहीं, परंतु भ्राताश्री का यह संदेह निराधार है। मेवाड़ के भावी शासक तो 'ये' ही हैं।''

''यदि पूज्य महाराणा और प्रजा की इच्छा तुम्हें सिंहासन पर बिठाने की हो तो तुम क्या करोगे? क्या महाराणा की इच्छा और जनमत का आग्रह ठुकारा दोगे?''

''यह…यह तो मुझसे संभव नहीं होगा, परंतु आप ऐसा दुविधायुक्त प्रश्न मेरे सामने क्यों रख रहे हैं?'' संग्राम सिंह असमंजसता से बोले, ''यह विचार ही कहाँ प्रकट हुआ है?''

''अब स्थिति कुछ स्पष्ट हुई है।'' सूरजमल ने गंभीर स्वर में कहा, ''निश्चय ही उत्तराधिकार का यह प्रश्न भविष्य में मेवाड़ में कलह की स्थिति उत्पन्न करेगा। अत: मेरा विचार है कि इस प्रश्न को यहीं समाप्त कर दिया जाए। चारणी माता की शरण में जाकर भविष्य की स्थिति स्पष्ट कर लेनी चाहिए। माता जिसे मेवाड़ का भावी शासक कहेंगी, वही मेवाड़-नरेश बनेगा। जाओ, दोनों भाई प्रेमपूर्वक माता के सामने श्रद्धा से ध्यान लगाकर अपना प्रश्न रखो, जिससे कलह की बात शेष ही न रहे।''

कुँवर संग्राम सिंह अभी तक कुछ समझ नहीं पा रहे थे, परंतु अपने अग्रज को मंदिर की ओर बढ़ते देखकर वह भी उस ओर चल पड़े।

□

चारणी माता की भविष्यवाणी

नागर मगरे की चारणी माता मेवाड़ में इष्ट देवी के रूप में मानी जाती थीं। राजघराने में उनकी कुछ अधिक ही मान्यता थी। आम धारणा थी कि चारणी माता अपनी पुजारिन के माध्यम से सच्ची भविष्यवाणी करती हैं। नवरात्रों में माता का आशीर्वाद और भविष्य जान लेने की इच्छा से हजारों भक्त जुट जाते थे।

राजपरिवार से संबंधित भविष्यवाणी करने के लिए माता चारणी हर समय उपस्थित हो जाती थीं, जबकि जन-साधारण को विशेष अवसरों पर ही यह शुभ लाभ प्राप्त होता था। उनके द्वारा वर्षा, कृषि और भावी संकट पर की गई भविष्यवाणियाँ प्रायः सत्य सिद्ध हुई थीं।

कुँवर पृथ्वीराज और संग्राम सिंह चूँकि राजकुमार थे तो मंदिर की पुजारिन ने जैसे ही उन्हें आते देखा, तत्परता से मंदिर का द्वार खोल दिया। दोनों राजकुमारों ने श्रद्धा से सिर झुकाया और कुछ क्षण माता की स्तुति करके वे मंदिर में प्रवेश कर गए। वहाँ चारणी माता की एक मूर्ति स्थापित थी और सामने हवनकुंड था। बीच में एक आसन बिछा हुआ था, जिस पर पुजारिन बैठती थी। अन्य तीन दिशाओं में भी आसन थे, जिन पर प्रश्नकर्ता बैठते थे, दोनों भाई एक-दूसरे के आमने-सामने बैठ गए। कुछ क्षण बाद पुजारिन आई और अपने आसन पर बैठ गई। पुजारिन ने नेत्र बंद करके कुछ बड़बड़ाना आरंभ किया और धीरे-धीरे उसका शरीर झूमने लगा। यह संकेत था कि चारणी माता ने उसके शरीर में प्रवेश कर लिया है। दोनों राजकुमारों ने नत-मस्तक होकर चरण स्पर्श किए।

''कुमारो, चिंता त्याग दो, तुम्हारा भविष्य उज्ज्वल है। मेरा आशीर्वाद सदैव तुम्हारे साथ है। न कोई ग्रह न कोई नक्षत्र, न उल्का, न पिंड और न शत्रु, न मित्र, इस राजकुमार का कोई अनिष्ट नहीं कर सकते। मेरी कृपा तुम पर सदैव बनी रहेगी।'' पुजारिन के मुख से कृपालु स्वर निकले, ''उन्नति और विस्तार ही इसका भविष्य है।''

''माता!'' कुँवर पृथ्वीराज ने हाथ जोड़कर विनयपूर्वक कहा, ''आपकी कृपा से मेवाड़ का ऐसा ही सुखद भविष्य रहेगा, यह हमारा विश्वास है, परंतु इस समय हमारा प्रश्न मेवाड़ के भावी महाराणा के विषय में जानने का है। हम दोनों भाई इस प्रश्न में उलझ गए हैं कि हममें से कौन मेवाड़ का शासक बनेगा! पारंपरिक अधिकारी अथवा जनप्रिय राजकुमार ?''

''पुत्रो, शासन का प्राण तो जन ही होता है। जन जिसे प्रिय कहे, वही उनका शासक हो तो प्रजा में खुशहाली और राज्य की उन्नति होती है।''

''माता, हमें स्पष्ट भविष्य जानने की इच्छा है।'' कुँवर पृथ्वीराज व्यग्रता से बोले।

''मेवाड़ का भावी शासक…।'' पुजारिन के वरद हस्त कुँवर संग्राम सिंह के सिर पर टिके तो कुँवर पृथ्वी सन्नाटे में आ गए।

कुँवर संग्राम का हृदय प्रफुल्लित हो उठा, परंतु मन में शंका के बादल घुमड़ आए।

''माता, यह कैसे हो सकता है ?'' कुँवर संग्राम सिंह ने अविश्वास से कहा, ''मेरे अग्रज, राज्य के युवराज इस सिंहासन के अधिकारी हैं।''

''पुत्रो, भविष्य में क्या होगा, यह मैं ही तो जानती हूँ। भविष्य वह अंधकूप है, जिसमें ध्वस्त परंपराएँ सिसकती रहती हैं। वास्तव में भाग्य की प्रबलता राजा को रंक और रंक को राजा बना देती है।''

पृथ्वीराज ने आवेश में आकर आसन छोड़ दिया और क्रोध से काँपने लगे। दूसरी ओर संग्राम भावी अनिष्ट की आशंका से लरज उठा।

''मैं ऐसा नहीं होने दूँगा। मैं भाग्य को अधिकार पर अतिक्रमण नहीं करने दूँगा। मेवाड़ का राजसिंहासन मेरा है और इसे मैं किसी अन्य को नहीं हथियाने दूँगा, भले ही वह मेरा सहोदर ही क्यों न हो। मैं इस भविष्यवाणी को सत्य सिद्ध नहीं होने दूँगा।'' कुँवर पृथ्वी क्रोध के अतिरेक से गरज उठे, ''अपने प्रतिद्वंद्वी के रक्त से प्रथम राज्याभिषेक यहीं होगा।''

''हा…हा…हा…।'' पुजारिन जोर से हँसने लगी,''कंस ने भी यही कहा था, परंतु क्या हुआ ?''

कुँवर पृथ्वीराज ने क्रोध में तमतमाकर म्यान से तलवार निकाल ली।

संग्राम सिंह सतर्क हो गए। उन्हें कुछ ऐसी ही आशंका थी। वे अपने अग्रज से लड़ना नहीं चाहते थे, परंतु इस स्थिति में आत्मरक्षा आवश्यक थी।

''संग्राम!'' कुमार पृथ्वी रक्तिम नेत्रों और विष बुझे स्वर में गरज उठे, ''मैं

अपने अधिकार की सुरक्षा आज ही करूँगा। मेरी यह तलवार चारणी माता के चरणों में मेरे भविष्य को सुरक्षित कर देगी।'' यह कहते हुए पृथ्वी ने संग्राम पर तलवार चला दी।

संग्राम सिंह सचेत और सजग थे। स्वयं को भूमि पर गिराकर उन्होंने प्रहार बचा लिया और अपनी तलवार निकालकर वीर मुद्रा में आ गए।

''भ्राता श्री, यदि मेवाड़ के सिंहासन पर मेरा आसीन होना चारणी माता ने आशीर्वाद स्वरूप कहा है तो मैं इस आशीर्वाद को असत्य न होने दूँगा।''

दोनों भाइयों की तलवारें एक-दूसरे से टकराईं तो बिजली सी कड़कने लगी। दोनों ही वीर राजपुत्र थे, रणकुशल थे और एक ही गुरु के शिष्य थे। तलवार के प्रहार और बचाव की हर विधा में दोनों ही पारंगत थे। मेवाड़ का भविष्य तलवार की धार तय करने वाली थी। परस्पर पैंतरों को काटते हुए दोनों मंदिर से बाहर आ गए और खुले में उनका युद्ध-कौशल सामने खड़ा सूरजमल भी सन्नाटे में आ गया था। यह तो वह जानता था कि मेवाड़ का राजपूती रक्त सदैव से ही उग्रतर रहा है, परंतु इस प्रकर का रणकौशल तो उसने कभी नहीं देखा था। दोनों ही जिस चपलता और दक्षता से एक-दूसरे पर प्रहार कर रहे थे, उसमें शीघ्र ही निर्णय की कोई संभावना न थी और यह सूरजमल की योजना के विपरीत था।

एकाएक सूरजमल लगभग चीखता हुआ उन दोनों के बीच कूद पड़ा।

''कुमारो!'' सूरजमल ने दोनों हाथ ऊपर उठाए, ''ठहरो, रुको और यह मूर्खता बंद करो।''

''काका, आप बीच में न आएँ।'' पृथ्वी के स्वर में तीव्र आवेश था, ''आज मेवाड़ के राजसिंहासन के उत्तराधिकारी का निर्णय हो जाने दें।

''यह निर्णय यदि रक्त बहाकर होना है तो अपनी दोनों तलवारों से मेरे शरीर पर पूरे वेग से प्रहार करो। कम-से-कम मैं तो मेवाड़ के ऋण को चुका दूँ।''

''काका!'' संग्राम सिंह ने कहा, ''मैं युद्ध नहीं करना चाहता। मैं इतना कुलघाती नहीं हूँ कि सत्ता के लिए अपने सगे भाई का रक्त बहाऊँ। मेरे ऊपर पहला प्रहार इन्होंने किया है।''

''कुमार पृथ्वी, यह कैसा पागलपन है ? मैंने तुम्हें चारणी माता का निर्णय सुनने की राय दी थी।'' सूरजमल रुष्टता का प्रदर्शन करते हुए बोला, ''और तुम युद्ध के लिए उन्मत्त हो गए।''

''मुझे चारणी माता का निर्णय स्वीकार नहीं। मैं उनकी भविष्यवाणी को मिथ्या सिद्ध कर दूँगा। जिसमें उन्होंने मेरे अधिकार को इसे देने की बात कही

है।'' पृथ्वी ने आग्नेय नेत्रों से संग्राम की ओर देखा, ''मेरी तलवार इस शत्रु को जीवित नहीं रहने देगी।''

''मूर्ख मत बनो कुमार!'' सूरजमल ने गंभीरता से कहा, ''तुम्हारा यह विचार और कृत्य अनुचित है। अभी मेवाड़ के राजसिंहासन पर महाराणा रायमल विराजमान हैं और उनका निर्णय ही सर्वमान्य है। वे जैसा निर्णय लेंगे, वैसा ही होगा।''

''काका, मैं फिर कहता हूँ कि मुझे राजसिंहासन का कोई लालच नहीं है।'' संग्राम सिंह ने पूछा, ''चारणी माता ने भविष्यवाणी अवश्य कर दी है, परंतु मैं अपने अग्रज का अधिकार छीनने के पक्ष में नहीं हूँ।''

''देखा कुमार पृथ्वी, कुँवर संग्राम ने क्या कहा? अब तुम भी हृदय से द्वेष दूर करके तलवार को म्यान में रख लो। कुछ निर्णय समय स्वयं करता है और समय आने पर ही उचित-अनुचित पर विचार करना राजपूत की शान होती है। निर्णय को मान्य अथवा अमान्य करना उचित समय पर ही शोभा देता है। वैसे भी राजसिंहासन को योग्यता और पराक्रम की आवश्यकता होती है। इसे तुम दोनों में से कौन प्राप्त करता है, इसके लिए पर्याप्त समय है।'' सूरजमल ने दोनों को समझाते हुए कहा, ''जो अपने कृत और बुद्धि से महाराणा का हृदय जीत लेगा, वही मेवाड़ का भावी महाराणा होगा।''

''सूर्य पश्चिम से निकले तो निकले, भूमि और आकाश मिले तो मिले, परंतु मेवाड़ का सिंहासन मेरा है और मेरा ही रहेगा।'' कुमार पृथ्वी ने अटल प्रतिज्ञा की।

''जब संकल्प और अधिकार तुम्हारे हैं तो तुम्हारा प्रण सत्य होगा।'' कुँवर संग्राम सिंह ने इस विषय में कुछ भी कहना उचित न समझा।

□

पृथ्वीराज सूरजमल के षड्यंत्र-पाश में

सूरजमल कुशल कूटनीतिज्ञ था, इसमें कोई संदेह नहीं। उसने युवराज पृथ्वी और कुँवर संग्राम सिंह के बीच हुए झगड़े की बात स्वयं महाराणा रायमल को बताई।

''हमारे पुत्रों में सिंहासन को लेकर इतना वैमनस्य बढ़ गया कि दोनों एक-दूसरे के रक्त के प्यासे हो उठे।'' महाराणा चिंतित और गंभीर स्वर में बोले, ''और हमें इसकी भनक तक नहीं?''

''महाराज! यह वैमनस्य आज ही सामने आया है और ईश्वर की कृपा थी कि उस अवसर पर मैं उपस्थिति था, अन्यथा अनर्थ हो जाता।'' सूरजमल ने चिंतित स्वर में कहा, ''अब आज ही इस विषम परिस्थिति का कोई हल निकालें।''

''कुमार! यह बात उनके दिमाग में आई कहाँ से?''

''महाराज, दोनों कुमार अब किशोर हो गए हैं।'' सूरजमल सतर्कता से बोला, ''कोई संदेह नहीं कि अब वे राजकाज में रुचि लेने लगे हैं, फिर भी मेरे विचार से कल उत्सव में प्रजाजनों द्वारा कुमार संग्राम सिंह की प्रशंसा से कुमार पृथ्वी को कुछ शंका हुई और उन्होंने ऐसा कदम उठाया।''

''जो प्रशंसा के योग्य होगा, उसकी तो सारा संसार प्रशंसा करेगा। कुँवर संग्राम केवल वीर योद्धा ही नहीं, अपितु सदाचारी भी है।'' महाराणा ने मुक्त कंठ से संग्राम सिंह की प्रशंसा की, ''वह प्रजा के दुख-दर्द को समझनेवाला और अपने व्यवहार से शत्रुओं को भी मित्र बना लेनेवाला है। ऐसे योग्य और मृदुभाषी राजकुमार को प्रजा की प्रशंसा मिलती है तो इसमें आश्चर्य कैसा?''

''यही प्रशंसा ज्येष्ठ कुमार को असुरक्षा का आभास करा रही है।''

''और इसी कारण वह तुम्हारे पिता की भाँति अनीतिपूर्ण कार्य करने को उतारू है।''

''मेरे पिता ने जो किया, उसका दंड भी तो उन्हें कितना भयानक मिला है। मैं कभी भूल से भी, स्वप्न में भी उन्हें स्मरण नहीं करता। अपने कुल और मातृभूमि के प्रति दुष्कृत्य करनेवाले सदैव निंदित ही होते हैं।'' सूरजमल ने महाराणा के प्रति सहमति प्रकट की, ''मैं तो ईश्वर और आपका आभारी हूँ कि उचित समय पर आपका संरक्षण पा गया, अन्यथा कहीं मैं भी ऐसे ही कुल-कलंकित कार्य कर रहा होता।''

''तुम विद्वान् हो, हमें आशा है कि तुम मेवाड़ के विदुर बनोगे। जो इस समय चल रहा है, उचित नहीं है। अत: तुम भी दोनों कुमारों को उचित-परामर्श और मार्गदर्शन दो, जिससे कोई अनहोनी न हो जाए। हम किसी के भी अधिकार का हनन न होने देंगे। समय आने पर सभी को, तुम्हें भी, मेवाड़ साम्राज्य की सेवा का अवसर मिलेगा। हमारे पास इतनी विशाल सीमाएँ हैं कि हमारे सभी कुमार मिलकर उन्हें सँभाल सकते हैं।''

''मेरे लिए क्या आज्ञा है, महाराज?''

''कुँवर संग्राम सिंह पर तो हमें पूरा विश्वास है कि वह कोई अनुचित कार्य नहीं करेगा, परंतु ज्येष्ठ कुँवर की मानसिकता में ऐसा परिवर्तन हमें भयभीत कर रहा है। राजपूती रक्त में चढ़ती आयु की उग्रता ऐसी होती है कि उसका विवेक से संबंध कम ही रह जाता है। ऐसे समय में उचित मार्गदर्शन की आवश्यकता होती है। अत: हम कुमार पृथ्वीराज को कुछ समय के लिए गुरुदेव के आश्रम में भेजने की व्यवस्था करते हैं। निश्चय ही वहाँ उनके मन को शांति मिलेगी और कुविचारों का दमन होगा।''

''अति उत्तम विचार है, महाराज! जब सत्ता का लालच और अपनत्व का अभाव होने लगे तो गुरु की शरण में जाना ही श्रेष्ठ होता है। ज्येष्ठ कुँवर को आश्रम में जाने से अवश्य ही कुविचारों से मुक्ति मिलेगी।''

''अब यह कार्य तुम्हारा है कि तुम कुँवर पृथ्वीराज को किस प्रकार हरिद्वार जाने के लिए मनाओगे। उसे ऐसा न लगे कि हम उसे राज्य से दूर कर रहे हैं, अन्यथा वह और अधिक भड़क जाएगा।''

''यह कार्य मैं सफलतापूर्वक कर लूँगा। इस आयु में ऐसी नासामझी होना कोई बड़ी बात नहीं, परंतु इसका सफल उपाय भी किया जा सकता है। आपने बहुत सुंदर उपाय सोचा है। मेरी उद्विनता अब जाकर शांत हुई।'' सूरजमल ने संतुष्टि की

साँस लेते हुए कहा, ''मुझे भय था कि कहीं इतिहास स्वयं को दोहराने तो नहीं जा रहा है? मेवाड़ ने पहले ही बहुत दुर्दिन देखे हैं।''

''निश्चिंत रहो।'' महाराजा ने सांत्वना दी, ''हमारे जीते जी कुछ भी अनुचित नहीं होगा।''

सूरजमल ने सहमति में सिर हिलाते हुए कहा, ''अब मुझे आज्ञा दें।'' सूरजमल वहाँ से उठकर चला आया और अपने कक्ष में आते ही विचारमग्न हो गया। अभी तक तो सबकुछ उसकी कुटिल योजना के अनुसार ही हो रहा था, परंतु महाराणा द्वारा पृथ्वीराज को हरिद्वार भेज देने से योजना में अवरोध उत्पन्न हो जानेवाला था और सूरजमल ऐसा कैसे होने दे सकता था? वह तत्काल पृथ्वीराज से मिला।

''कुमार! तुम्हारी शंका सत्य सिद्ध हुई।'' सूरजमल ने गंभीरता की प्रतिमूर्ति बनकर कहा, ''मेवाड़ का उत्तराधिकार छोटे कुँवर को मिले, यह महाराज की भी इच्छा है। तुम्हारे पिता धृतराष्ट्र की भाँति पुत्रमोह के जाल में फँसे हैं। अब वे तुम्हें कुछ वर्षों के लिए गुरुदेव के आश्रम हरिद्वार भेजने का निर्णय ले चुके हैं। इसका अर्थ तुम समझते हो या मैं बताऊँ?''

''समझता क्यों नहीं?'' पृथ्वीराज के मुख से तिक्त स्वर फूटा, ''साधु-संगत में रहकर मैं भौतिकता से रिक्त हो जाऊँ, राज-पाट और वैभव-सुख की लालसा न रखूँ और संग्राम के महाराणा बनने का मार्ग निष्कंटक हो जाए। ऐसा ही कोई सरल उपाय जयमल का भी कर दिया जाएगा, लेकिन काका, मैं ऐसा नहीं होने दूँगा।''

''अब क्या करोगे कुँवर? महाराज के निर्णय के विरुद्ध जाना तो उचित नहीं होगा।''

''आपने ही कहा था कि समय आने पर उचित-अनुचित कुछ भी करके निर्णय को अपने पक्ष में करना ही वीरता है। इससे अधिक उत्तम समय कब आएगा…मैं हरिद्वार चला गया तो शेष क्या रह जाएगा?''

''परंतु क्या करोगे, कुछ मुझे भी तो पता चले?''

''जो काम चारणी माता के मंदिर में आपके कारण अधूरा रह गया, अब वही काम आपकी सहायता से पूरा होगा। आपने मुझे वचन दिया था कि आप मेरे साथ हैं और अब वास्तव में आपका साथ देनेवाला समय आ गया है।''

''मैं अपने वचन से पीछे नहीं हट रहा हूँ, परंतु मेरे साथ का अर्थ यह नहीं है कि मैं ही कुँवर संग्राम का सिर धड़ से अलग दूँ। मैं केवल मुक्ति बताकर इस झमेले से दूर रहते हुए परिणाम देख सकता हूँ। यदि परिणाम तुम्हारे पक्ष में रहा

तो तुम्हें यह वचन भी देना होगा कि मेरा नाम सामने नहीं आएगा। तुम राजकुँवर हो, तुम्हें छोटा-मोटा दंड मिल जाएगा, परंतु मुझे मृत्युदंड मिलेगा।'' सूरजमल ने स्पष्टता से कहा, ''जिस कार्य में किंचित् लाभ न हो और मृत्यु की आशंका हो तो मैं वह कार्य नहीं कर सकता।''

''आप युक्ति बताइए।'' पृथ्वीराज ने दृढता से कहा, ''मैं वचन देता हूँ कि आपका नाम कभी समाने नहीं आएगा और परिणाम मेरे पक्ष में रहा तो मैं यह भी वचन देता हूँ कि आप मेवाड़ में चित्तौड़ को छोड़कर जिस रियासत की इच्छा करेंगे, मैं वह आपको दूँगा और जीवन भर आपका ऋणी रहूँगा।''

''ठीक है।'' सूरजमल ने सहमति में सिर हिलाया, ''सुनो, राजनीति कहती है कि कोई बड़ा कार्य करते समय अथवा अपराध करते समय किसी मूर्ख सहायक को अपने साथ रखो, ताकि यदि परिणाम प्रतिकूल आने लगे तो उस कृत्य का दोष उस पर थोपा जा सके। तुम कुँवर जयमल को बहकाओ और अपने मार्ग की बाधा दूर करो, फिर कोई विपत्ति आने पर अपना बचाव करके सारा दोष जयमल पर डाल देना।''

''उचित''उचित, क्या राय है ? किंतु अब जयमल को कैसे बहकाया जाए ?''

''यह कार्य भी तुम्हारे लिए मैं करता हूँ, परंतु शेष कार्य तुम दोनों को ही करना होगा। कैसे करना होगा, यह भी तुम्हें मैं ही बताता हूँ।''

''काका,'' कुँवर पृथ्वीराज ने प्रशंसात्मक स्वर में कहा, ''आप तो जैसे पहले से ही सबकुछ सोचकर बैठे हैं ?''

पृथ्वीराज ने सहमति में सिर हिलाया और ध्यानपूर्वक उनकी बातों की ओर उन्मुख हुआ।

□

पृथ्वीराज का संग्राम पर प्राणघातक प्रहार

मेवाड़ की अंतर्कलह कुछ ही दिनों में शांत सी प्रतीत होने लगी थी और इसका कारण दोनों कुमारों में प्रेमपूर्वक बात होना था। कुँवर पृथ्वी ने एक दिन अपने अनुज से क्षमा माँग ली थी और अपने कृत्य को आकस्मिक क्रोध के वशीभूत सिद्ध कर दिया। कुँवर साँगा को अपने अग्रज के पश्चात्ताप में सत्यता का आभास हुआ और दोनों सप्रेम रहने लगे। इसी बीच एक दिन पृथ्वी ने योजनानुसार अपने पिता महाराणा रायमल से भी बात की।

''पिताश्री, मेरे मन में एक अपराधबोध सा है। पिछले कुछ समय से मेरा मन अशांत सा रहता है और नाना प्रकार के विचार मुझे पीड़ित करते हैं। कई बार तो मैं स्वयं को ही कोसने लगता हूँ।'' कुँवर पृथ्वी ने गंभीर स्वर में कहा, ''मैंने अपनी इस समस्या के विषय में काका से भी विचार-विमर्श किया और उन्होंने मुझे सुझाव दिया कि मुझे कुछ समय के लिए गुरुदेव के आश्रम में जाकर मानसिक शांति प्राप्त करनी चाहिए! यद्यपि अब मैं स्वयं को शांत महसूस कर रहा हूँ।''

''पुत्र, जब व्यक्ति को अपनों से द्वेष हो जाता है, अपने किसी सगे की प्रगति पर ईर्ष्या होती है तो ऐसी अशांति स्वाभाविक ही है। ये मानवीय दुर्गुण ही होते हैं, जो जरा सा अवसर पाकर अनर्थ की ओर धकेल देते हैं। कोई विवेकशील ही इन दुर्गुणों पर समय रहते काबू पाता है। मुझे प्रसन्नता है कि तुमने अपनी समस्या को समझा और कुमार सूरजमल के सामने रख दिया। विवेक साथ हो तो कहीं भी मानसिक शांति प्राप्त की जा सकती है, फिर भी यदि तुम्हारी इच्छा है तो हम तुम्हारे आश्रम जाने की व्यवस्था करते हैं।''

''मैंने अपने अनुज से द्वेष किया और घोर अशांति पाई। यद्यपि मैं उससे क्षमा

माँग चुका हूँ और उसने भी मुझे क्षमा कर दिया, तब कहीं जाकर मेरे अशांत मन को शांति मिली है। यदि आज्ञा हो तो हम तीनों भाई कुछ समय के लिए आश्रम चले जाते हैं।''

''अवश्य! हम शीघ्र ही इस विषय में कुछ सोचते हैं।'' पृथ्वीराज ने नम्रता से कहा, जिससे परिस्थितियाँ शांत हों और वह अवसर प्राप्त हो, जो घात-प्रतिघातों की शृंखला का प्रथम चरण था। धीरे-धीरे सब सामान्य सा लगने लगा था। पृथ्वीराज अपने अनुज संग्राम पर जितना स्नेह लुटा रहा था, उसे देखकर महाराणा बहुत प्रसन्न होते थे और सूरजमल के कुटिल ह्रदय में आंतरिक अट्टहास उठते थे।

एक दिन वह बहुप्रतीक्षित अवसर आ ही गया। राजकुमार पृथ्वीराज और कुँवर साँगा वन भ्रमण के लिए चल दिए। उनके साथ आज कोई सैनिक या सरदार नहीं था। दोनों ही अपने अश्वों पर सवार प्रसन्न मुद्रा में चले जा रहे थे।

''भ्राताश्री! कुछ दिनों से भ्राता जयमल हमसे दूर-दूर रहने लगे हैं। मैंने कारण भी पूछा तो कह रहे थे कि स्वास्थ्य ठीक नहीं है।'' संग्राम सिंह ने कहा।

''उसे प्रेम का रोग लगा है, अनुज!'' पृथ्वी ने हँसकर कहा, ''उसने बदनोर की राजकुमारी तारा की सुंदरता के चर्चे सुन लिए हैं और उससे इकतरफा प्रेम कर बैठे हैं। प्रेम में प्रेमी ऐसा ही व्यवहार करते हैं।''

''अच्छा! तो यह बात है, बदनोर की राजकुमारी की प्रशंसा तो मैंने भी सुनी है। भ्राता जयमल ने वास्तव में सुंदरता को अपने ह्रदय में स्थान दिया है।''

''इसी कारण वह हमारे साथ नहीं आए। प्रेम में व्यक्ति को एकांत में ही शांति मिलती है। प्रेम इकतरफा हो तो और भी अधिक।''

''मैंने सुना है कि राजकुमारी तारा ने विवाह की शर्त रखी है कि जो भी वीर उसके राज्य टोड़ा को अफगानों से स्वतंत्र कराएगा, वह उसी से विवाह करेगी।''

''मेवाड़ के लिए यह कौन-सी कठिन शर्त है? महाराणा की आज्ञा हो तो हम दोनों भाई अफगानों को टोड़ा से मार भगाएँ और भाई जयमल का विवाह करा दें?''

''मैं पिताश्री से इस विषय में बात करूँगा। यदि तलवार के बल पर हमारे भ्राता की उदासी दूर होती है तो हम इसके लिए सहर्ष तैयार हैं।''

इसी प्रकार बातें करते-करते दोनों भाई नगर से बहुत दूर, जंगल की ओर निकल आए थे।

''मुझे तो प्यास लगने लगी है अनुज, यहाँ कहीं पानी होगा?'' पृथ्वी ने कहा।

''मरुस्थल में पानी?'' संग्राम सिंह हँसे, ''परंतु इस जंगल के बीच एक बस्ती तो है। वहाँ पानी जरूर मिलेगा।''

"इस कँटीले वन प्रदेश में अश्व तो जा नहीं सकते। चलो, पैदल ही चलते हैं।"

दोनों भाइयों ने अपने अश्व वृक्षों से बाँध दिए और पैदल ही उन कँटीली झाड़ियों में बढ़ चले।

"मरुस्थलीय लोग बड़े जीवट होते हैं, जो ऐसे झाड़ क्षेत्र में भी जीवन निर्वाह कर लेते हैं।" संग्राम सिंह ने कहा, "हमें इनके विषय में भी कुछ सोचना चाहिए। राजा का कर्तव्य है कि वह अपनी जंगली जातियों को भी सुख-सुविधा उपलब्ध कराए।"

"तुम्हारे कारण मेरे राजा बनने में बाधा न आ रही होती तो मैं अब तक इन सबका उद्धार कर देता। इन झाड़ियों को काटकर समतल कर देता ।"

"मेरे कारण कोई बाधा नहीं आएगी भ्राताश्री!"

"आएगी भी तो मेरी यह तलवार किस दिन काम आएगी?" एकाएक पृथ्वीराज ने अपनी तलवार निकाल ली और खूँखार लहजे में बोला, "आज हर उस बाधा को दूर कर दूँगा, जो मेरे अधिकार का हनन करेगी।"

"भ्राताश्री! यह...यह आप क्या कर रहे हैं?" संग्राम हक्का-बक्का रह गया।

"जो तू सुन रहा है मेरे शत्रु, तूने बड़ी चतुराई से मुझे मेवाड़ से भी बाहर भेजने की योजना बनाई थी न? भातृद्रोही, तूने अपने आपको सर्वप्रिय, सर्वयोग्य सिद्ध करके मेरे अधिकार पर कुदृष्टि डाली थी। आज मैं इस निर्जन वन में तेरे सिर को धड़ से अलग करके अपने अधिकार को सुरक्षित करूँगा।"

"आप...आप अकारण भ्रम पाल बैठे हैं, जबकि सत्यता यह है कि मेरे हृदय में सिंहासन की कोई इच्छा नहीं। चारणी माता की सौगंध, मैंने कभी विचार तक नहीं किया कि आपके होते मेवाड़ का अधिपति बनूँ।"

"क्योंकि तुझे विश्वास है कि चारणी माता का कहना सत्य सिद्ध होगा। ऐसा ही विश्वास मेरा भी है, क्योंकि उनकी भविष्यवाणी सत्य ही होती है। मैं अपनी तलवार से अपना मार्ग निष्कंटक करूँगा।"

इतना कहकर पृथ्वीराज ने तलवार का वार किया, जिसे संग्राम सिंह ने घातक तो न बनने दिया, परंतु एक गहरा घाव फिर भी लगा। पृथ्वीराज उसे तलवार निकालने का अवसर नहीं देना चाहता था, क्योंकि वह जानता था कि संग्राम तलवारबाजी में उससे श्रेष्ठ है। वह लगातार प्रहार कर रहा था और संग्राम सिंह को घायल कर चुका था। संग्राम को अब अपने प्राण संकट में दिख रहे थे। तलवार निकालने का अवसर नहीं मिल रहा था और इस तरह चपलता से कब तक बचा

जा सकता था। यकायक पृथ्वीराज ने संग्राम की बाईं आँख में तलवार की नोंक घोंप दी, जिससे संग्राम बुरी तरह तड़प उठा। तलवार की नोंक निकली तो आँख से रक्त की धारा फूट पड़ी। अपना एक हाथ घायल आँख पर रखकर संग्राम सिंह ने अपने प्राण बचाने के लिए दूसरे हाथ से मुट्ठी भर रेत पृथ्वी की आँखों पर उछाल दी और वहाँ से दौड़ पड़ा।

पृथ्वीराज इस पैंतरे से अनभिज्ञ था। रेत उसकी आँखों में भर गई थी और वह भय के कारण काँप रहा था। इस दशा में संग्राम सिंह का एक वार उसके सिर को धड़ से अलग कर सकता था। वह भी आँखें मलता हुआ प्राण बचाकर पीछे की ओर भागा। कुछ दूर भागने पर उसे अपने सहायक जयमल का स्वर सुनाई दिया।

□

सरदार जैतमलोट का बलिदान

जंगल के दक्षिणी छोर पर सेवंतरी गाँव था। इस गाँव के बाहर मारवाड़ के राजा हम्मीर द्वारा बनाया गया चतुर्भुज रूपनारायण का भव्य मंदिर था। इस मंदिर के दर्शनार्थी वर्ष भर यहाँ आते रहते थे। आज उस मंदिर के दर्शन करने मारवाड़ के राठौड़ बींदा जैतमलोट सपरिवार आए हुए थे। वे मारवाड़ में एक छोटी-सी रियासत के सरदार थे, जो मेवाड़ के ही अधीन थी। जब जैतमलोट सपरिवार दर्शन करके मंदिर से बाहर निकले तो ठिठक गए। खून से लथपथ राजसी वस्त्र पहने युवक चीखता सा उधर ही आ रहा था। समीप आने पर सरदार जैतमलोट चौंक पड़े। वे मेवाड़ के छोटे राजकुमार संग्राम सिंह को भलीभाँति पहचानते थे। कई अवसरों पर उनकी भेंट हो चुकी थी।

"अरे, यह तो राजकुमार संग्राम सिंह हैं, इनकी यह दशा¨।" सरदार जैतमलोट दौड़कर संग्राम सिंह के पास पहुँचे और उन्हें सँभाला, "कुमार संग्राम सिंह मैं¨मैं राठौड़ बींदा जैतमलोट¨आपकी यह दशा किसने की?"

संग्राम सिंह भयानक पीड़ा और लगातार भागते रहने के कारण बुरी तरह थक गए थे और अचेत हो रहे थे। भुजाओं का सहारा मिलते ही उन्होंने अपने शरीर को ढीला छोड़ दिया और मूर्च्छित हो गए।

"इन्हें हमारे शिविर में पहुँचाओ!" सरदार जैतमलोट चीख पड़े।

तत्काल उनके सैनिकों ने लहूलुहान संग्राम सिंह को भुजाओं में उठाया और शिविर में ले गए। वैद्य उनके उपचार में जुट गए और सरदार जैतमलोट बैचेनी से इधर-उधर टहलने लगे। कुँवर संग्राम सिंह जैसे वीर राजकुमार की इस दशा पर उन्हें आश्चर्य हो रहा था। उन्होंने चित्तौड़ की रंगभूमि में उनका शस्त्र-संचालन देखा था। पूरी सेना पर संग्राम सिंह अकेला भारी पड़ने वाला योद्धा था। उसकी ऐसी दशा, किसी युद्ध में होना तो गले नहीं उतरती थी। अवश्य ही उस पर धोखे

से वार हुआ है। बहुत समय बाद संग्राम सिंह की मूर्च्छा टूटी और वे कराह उठे।

"राजकुमार···संग्राम सिंह! मुझे पहचाना, मैं आपका सेवक! आप मुझे यह बताएँ कि आपकी यह दशा किसने की? ऐसा कौन योद्धा पैदा हो गया, जिसने मेवाड़ के अप्रतिम योद्धा का यह हाल किया? मुझे तो बड़ा ही आश्चर्य हो रहा है।" सरदार जैतमलोट ने पूछा।

संग्राम सिंह ने आँखें खोलकर पहले तो यह जानने का प्रयास किसा कि वह शत्रुओं के बीच है या मित्रों के? सरदार जैतमलोट को पहचानकर उनके नेत्रों में आशा भरी किरण चमकी।

उनकी आँखों के सामने उनके प्राण लेने को आतुर अपने अग्रज का वीभत्स चेहरा तैर उठा और उनकी आँखें नम हो उठीं। दूसरी आँख पर वैद्य ने ओषधि लगाकर रुई का फाहा बाँध दिया था, परंतु स्वस्थ आँख से अश्रु की बूँदों ने उनकी अंतर्वेदना को जाहिर कर दिया।

"राजकुमार संग्राम सिंह! आप पूरी तरह सुरक्षित हैं। बस आप शत्रु का नाम बताइए, जिसने मेवाड़ के सिंह पर अपना छल-प्रहार किया है।"

संग्राम सिंह ने कुछ कहने के लिए मुँह खोला ही था।

"घेर लो इस शिविर को चारों ओर से, हमारा शत्रु साँगा यहीं पर होगा।"

बाहर से आती इस कर्कश फटकार को सुनकर सरदार जैतमलोट तत्काल अपनी तलवार हाथ में लेकर बाहर आए तो आश्चर्य से उनके नेत्र फैले।

"राजकुमार जयमल, तुम···तुमने कुँवर साँगा की यह दशा की है?"

"ओह, राठौड़ बींदा जैतमलोट!" राजकुमार जयमल अपने घोड़े पर सवार होकर नंगी तलवार हाथ में लिये खड़ा था, "तो हमारा शत्रु हमारे मित्र के पास आ पहुँचा। यह तो और भी अच्छा हुआ। अब हमें अपने शत्रु का सिर काटने के लिए और कोई सिर नहीं काटना होगा। सरदार जैतमलोट! संग्राम को हमें सौंप दो और कभी भी मेवाड़ आकर अपना पुरस्कार ले जाना।"

"कुमार जयमल, कुमार साँगा तुम्हारे अनुज हैं। मेवाड़ की शान हैं। मेवाड़ का सुखद भविष्य हैं। वे आपके शत्रु कैसे हुए?"

"यह तुम्हारे जानने का विषय नहीं है। राजवंशों में परिस्थितियाँ ऐसे ही मोड़ लेती हैं कि कोई किसी का भाई नहीं रहता। भाग्य ने आज तुम्हारी सरदारी में और भी उन्नति का अवसर प्रदान किया है। अत: कोई विलंब किए बिना इस अवसर का लाभ उठाओ, अन्यथा··· ।"

"कुमार जयमल! तुम्हारी तलवार पर रक्त का एक धब्बा नहीं है। अत:

यह तो स्पष्ट है कि कुमार साँगा की इस दशा का कारण कोई और है, जिसके तुम सहायक हो। मेरा अनुभव कहता है कि तुम किसी षड्यंत्र के शिकार होकर अपने अनुज के रक्त से अपने हाथ रँगने का पाप करने का स्वप्न देख रहे हो।''

''स्वप्न नहीं सरदार! स्वप्न नहीं! आज मेरी यह तलवार मेवाड़ के इतिहास को बदलकर रहेगी। पटरानी के गर्भ से जन्म लेने वाले ही महाराणा हो सकते हैं, अब यह परंपरा ध्वस्त होगी। आप विलंब न करें।''

''ओह! तो सिंहों के सिंहासन पर श्वान बैठेंगे! कुमार जयमल, यदि इतना ही भुजबल है तो छल क्यों? राजकुमार पृथ्वीराज को तुम्हारा यह पाप पता लगा तो संसार में तुम्हें कहीं शरण भी न मिलेगी।''

''हा-हा-हा! इस पापकर्म के सूत्रधार पृथ्वीराज! सरदार जैतमलोट, ये राजसी खेल हैं। तुम साधारण से सरदार हो। सैनिको, प्रतीत होता है कि हमें अपने शत्रु के प्राण लेने के लिए बहुत सिर काटने होंगे।''

''सत्य प्रतीत होता है, जयमल!'' सरदार जैतमलोट ने अपनी तलवार को लहराकर कहा, ''जब तक हमारे घट में एक भी श्वास रहेगी, कुमार साँगा को कोई स्पर्श भी नहीं कर सकता। हम अपने प्राणों पर खेल जाएँगे। हमारे रणथंभोर के इतिहास से तुम परिचित नहीं हो। हमारे महान् राणा हम्मीर ने भी राजपूती आन का निर्वाह करते हुए सुलतान अलाउद्दीन खिलजी के बागी तुर्क सेनापति मीर मुहम्मद शाह की रक्षा में अपने प्राण दे दिए थे, परंतु शरणागत पर अपने जीते-जी आँच नहीं आने दी थी। आज कुँवर साँगा हमारी शरण में हैं और उनके लिए प्राण देना हमारे राजपूती धर्म में है, इसलिए यदि तुम अपने प्राण बचाना चाहते हो तो यहाँ से चले जाओ।''

''आक्रमण!'' जयमल ने अपने सैनिकों को आदेश दिया।

सरदार जैतमलोट के पास अधिक सैनिक तो नहीं थे, परंतु शरणागत की रक्षा और राजपूती धर्म निभाने के लिए उनका वृद्ध रक्त खौल उठा। उनके दो युवा पुत्र भी अपने पिता के साथ शिविर के द्वार पर आ डटे। जयमल के पास अधिक सैनिक तो नहीं थे, परंतु उनसे दुगने तो अवश्य ही थे। संख्याबल का युद्ध में प्रभाव तो पड़ता है। एक ओर मेवाड़ के कुशल लड़ाके थे तो दूसरी ओर मारवाड़ के साधारण सैनिक, जिन्हें युद्ध का अनुभव कम था। कुछ ही देर में जयमल की विजय और साँगा का जीवन खतरे में पड़ता दिखाई देने लगा था, यद्यपि सरदार जैतमलोट ने शिविर द्वार अभी तक सुरक्षित रखा था।

''पुत्र अज्जा, तुम किसी भी प्रकार साँगा को सुरक्षित निकालकर मारवाड़

पहुँचाओ। हम इन अधर्मियों को रोकते हैं।'' सरदार ने अपने बेटे से कहा।

अज्जा शिविर के अंदर गया और चार बलिष्ठ सेवकों और वैद्य को कुमार साँगा के साथ शिविर के पिछले रास्ते से निकाल दिया तथा स्वयं वापस युद्धभूमि में आ डटा। पिता को उसने बता दिया कि कुमार साँगा को सुरक्षित निकाल दिया गया है, फिर तीनों पिता–पुत्रों ने अपने प्राणों की चिंता छोड़कर जयमल की सेना में विध्वंस मचा दिया। स्वामिभक्ति, राजपूती धर्म और शरणागत की रक्षा की मिश्रित भावनाओं ने उन वीर राजपूतों को भयहीन कर दिया था। सबसे पहले सरदार जैतमलोट ने अपने प्राणों की आहुति दी, फिर एक–एक करके दोनों भाई भी उस राजपूती आन पर निछावर हो गए, परंतु जयमल को इस विजय का लाभ न हुआ।

□

जयमल और सूरजमल की कुत्सित योजना

चित्तौड़ के राजमहल में उदासी छा गई थी। तीन दिन से कुँवर साँगा की कोई सूचना नहीं थी। गुप्तचर चारों ओर उनकी खोज में घूम रहे थे। रानी रतनकँवर का रो-रोकर बुरा हाल था और महाराणा रायमल भी चिंतामग्न थे। कुमार पृथ्वी भी आँखों में आँसू लिये अपना दुःख जता रहे थे। सबको यही बताया गया था कि कुमार साँगा अकेले ही आखेट पर चले गए थे। आशंका यह जताई थी कि उन्हें वन में किसी हिंसक जानवर ने खा लिया होगा, परंतु महाराणा रायमल को एक बात न जँच रही थी। वे जानते थे कि कुमार साँगा आखेट पर अकेले नहीं जा सकते थे और चित्तौड़ के वनों में ऐसा कोई हिंसक जीव न था, जो कुँवर साँगा जैसे कुशल योद्धा को अपना आहार बना सकता था। अवश्य ही साँगा किसी षड्यंत्र का शिकार हो गए थे, जिसमें पृथ्वीराज का हाथ हो सकता था! महाराणा अब किसी प्रामाणिक सूचना की प्रतीक्षा में थे और निश्चय कर चुके थे कि यदि उनके प्यारे पुत्र के साथ हुई किसी अनहोनी में पृथ्वीराज का हाथ हुआ तो वे उसे इसका भारी दंड देंगे।

इधर सूरजमल बड़ी तत्परता से कुमार साँगा की खोज में गया था और उसके साथ कुमार जयमल भी था। दोनों इस समय एक निर्जन खँडहर में बैठे अपनी आगामी योजना के बारे में विचार कर रहे थे।

"मैंने पहले ही कहा था कि संग्राम इतनी सरलता से अपने प्राण नहीं दे सकता और पूरी तैयारियों के साथ ही अगला हमला किया जाए।" सूरजमल चिंतित स्वर में बोला, "उसका जीवित बच जाना किसी के लिए भी ठीक नहीं।"

"पृथ्वी ने अधीरता से काम लिया। उसने योजना के अनुसार कुछ नहीं किया।

मैंने कहा था कि जब तक मैं सैनिकों के साथ वहाँ न पहुँच जाऊँ, तब तक साँगा को भनक भी न लगने दे, परंतु उसने धैर्य न किया। यद्यपि उसने साँगा को लगभग समाप्त कर दिया था, परंतु वह अंतिम श्वास तक लड़ने की जिजीविषा रखनेवाला निकला और उसकी आँखों में रेत फेंककर भाग गया।'' जयमल बोला।

''शेर के शिकार में अधीरता शिकारी को ही शिकार बना देती है।''

''फिर भी मैं समय पर सैनिकों के साथ पहुँच गया था। कुछ समय तो पृथ्वी को सँभालने में ही व्यर्थ हो गया, फिर...।''

''यहाँ तुमसे भारी भूल हुई। यह ऐसा अवसर था, जिससे तुम निष्कंटक राणा बन गए होते। तुम्हारा मार्ग प्रशस्त हो गया होता। तुम्हें उसी समय पृथ्वी को मार देना चाहिए था। जिसका आरोप साँगा पर आता। हम प्रचारित कर सकते थे कि साँगा पृथ्वी को मारकर भागा और वीर जयमल ने साँगा को क्रोध में आकर समाप्त कर दिया।''

''यह हमारी योजना में कहाँ था?''

''यही तो मूर्खता होती है। अरे, कई बार अपनी बुद्धि से भी परिस्थिति की गणना कर ली जाती है और सटीक निर्णय लिये जाते हैं। कितना सुंदर अवसर था। सबकुछ कितना सरल और सुखद होता!''

''परंतु साँगा तो फिर भी जीवित ही था। हमने उसका पीछा किया तो वह सेंवतरी में राठौर बींदा जैतमलोट की शरण में पहुँच गया था। हमने वहाँ कितने ही सिर काटे, परंतु साँगा फिर भी हमारे हाथ न लगा। लगता है, वह उतना घायल नहीं था और अवसर पाकर भाग गया।''

''यह सूत के धागे में बँधी सिर पर लटकी नंगी तलवार की तरह है, जो कभी भी तुम्हारी गरदन पर गिर सकती है। साँगा इतना मूर्ख नहीं कि सरलता से सामने आ जाए, जब तक वह पूरी तरह स्वस्थ नहीं हो जाता।''

''काका! अब मैं क्या करूँ?''

''अब तो योजना के अनुसार ही कुछ करना होगा। साँगा की खोज में गए सभी गुप्तचर तुम्हारे विश्वासपात्र हैं। अतः साँगा की ओर से तो उतना चिंतित होने की आवश्यकता नहीं है।'' सूरजमल बोला, ''उसकी कोई खोज लगते ही उसके प्राण ले लिये जाएँगे। अब तुम्हारे मार्ग की बाधा पृथ्वीराज है और उसे दूर करने के लिए हमें बहुत पापड़ बेलने होंगे।''

''काश, मुझे उस समय बुद्धि आ गई होती, जब लगभग अंधा पृथ्वी मेरे सामने था। मैं तभी उसके सीने में तलवार उतार देता तो किसी प्रकार की परेशानी

सामने नहीं आती, कितना सुंदर दृश्य बनता!''

''समय पर जो काम न कर सके, वह इसी प्रकार कलपता है। अब भी गेंद तुम्हारे ही पाले में है। पृथ्वीराज को मृत्युदंड मिल जाए तो तुम्हारे मार्ग में संभावित बाधा साँगा रह जाएगा, जिसे समय आने पर देख लिया जाएगा। अब तुम मेरे कहे अनुसार चलते रहो। ईश्वर ने चाहा तो सब कुशल-मंगल होगा। स्मरण रहे कि मेरी ओर कोई उँगली न उठे।''

''काका, मैं पहले ही वचन दे चुका हूँ। अब तो आप ही मेरा आश्रय हैं। यहाँ तक का मार्ग मैंने आपकी बुद्धि से तय किया है और मुझे आपके मार्गदर्शन की आवश्यकता है।'' जयमल ने कहा।

''निश्चिंत रहो, मेवाड़ का मुकुट अब इस सिर की शोभा बनेगा।''

सूरजमल ने सिर तो इंगित नहीं किया, परंतु जयमल ने अपने सिर पर हाथ फिराया और मुसकरा उठा।

□

रानी रतनकँवर का संताप

महाराणा रायमल ने अपने पैरों में पड़े जयमल को आश्चर्य से देखा, जो फूट-फूटकर रो रहा था। समीप ही गंभीरता की प्रतिमूर्ति बना खड़ा सूरजमल जैसे भरसक प्रयास से अपने आँसू रोक रहा था।

"कुमार जयमल! क्या बात है, तुम···तुम इतने अधीर क्यों हो? कुमार सूरज, तुम अवश्य कुछ जानते होगे कि क्या हुआ है? तुम्हारे द्वारा ही हमें इस गुप्त कक्ष में बुलाया गया है।" महाराणा ने कहा।

"महाराज, जब अपनों में घोर वैमनस्य हो जाए और उसकी परिणति राज्य के संकट के रूप में हो तो किसकी जिह्वा पर शब्द आ सकते हैं।" सूरजमल ने अपनी आलंकारिक भाषा में कहा, "आज मेवाड़ के भविष्य को नए आयाम देने वाले तीनों कुमार अपने ही बुने जाल में ऐसे उलझ गए हैं कि मेवाड़ का उत्तराधिकार संकट में आ गया है।"

"कुँवर, सारी बातें स्पष्ट करो!" महाराणा व्यग्रता से बोले।

"महाराज, राजकुमार पृथ्वीराज अपने हृदय में पाल चुके शत्रुभाव का दमन नहीं कर सके थे और अवसर की प्रतीक्षा में पश्चात्ताप का नाटक कर रहे थे। मेवाड़ के दुर्भाग्य से कुमार पृथ्वी ने कुमार जयमल को भी कुँवर साँगा के प्रति द्वेषी बना दिया था। उस दिन यह बात कुमार जयमल जानते थे। पृथ्वी के साथ कुछ विश्वासपात्र सैनिक भी थे, जो उनके षड्यंत्र में शामिल थे। उनकी पहचान भी कर ली गई है। उन्हीं के द्वारा मुझे पता चला है कि जंगल में कुमार पृथ्वी और उनके साथियों ने कुँवर साँगा पर आक्रमण कर दिया और उन्हें बुरी तरह घायल कर दिया।"

"हे माता चारणी!" महाराजा रायमल दो कदम पीछे हट गए।

"किसी तरह कुमार साँगा वहाँ से प्राण बचाकर लहूलुहान होकर सेवंतरी

गाँव पहुँच गए और वहाँ मारवाड़ के राठौर बींदा ने उनकी रक्षा और उपचार किया, परंतु कुमार और उनके रक्तपिपासु सैनिक वहाँ भी पहुँच गए और सरदार जैतमलोट और उनके सभी सैनिक और परिवारजनों की हत्या कर दी, परंतु कुँवर साँगा वहाँ नहीं मिले। आशा है कि वे अवसर पाकर वहाँ से भी प्राण बचाकर चले गए हैं।''

''आह! मेरा प्रिय साँगा, दुष्ट पृथ्वी, कुलद्रोही, भातृघाती। अरे जयमल, तू तो मुझे कुछ बता सकता था!'' राजा ने बिफरकर कहा।

''अपराध-बोध महाराज! अपराध बोध!!'' सूरजमल ने कहा, ''इस भोले कुमार को कुँवर साँगा से द्वेष नहीं था, अपितु वह तो इनके हृदय में बोया गया था, जो क्षणिक था। कुँवर साँगा के साथ हुए अत्याचार की बात सुनकर ही इनका भातृप्रेम जाग उठा और इन्होंने रो-रोकर मेरे सामने बताया कि क्या हुआ था? मैंने तत्काल कुमार पृथ्वी के दो साथियों की पहचान कर उन्हें बंदी बनाया और सारी बात जान ली। अब कुँवर जयमल अपने अपराध की क्षमा माँगने के लिए ही आपके चरणों में पड़े हैं और इनका अपराध यह है कि इन्हें कुमार पृथ्वी के कुटिल इरादों के बारे में पता था, परंतु ये मौन रहे। एक प्रकार से ये भी अपराधी ही हैं, परंतु क्षमायोग्य हैं।''

''पिताजी!'' जयमल विलाप कर उठा, ''मुझ अधर्मी को क्षमा कर दीजिए। मैं नहीं जानता था कि भाई पृथ्वी का द्वेष इतना कठोर था। मैंने तो उस द्वेष को अनुज साँगा की चहुँओर प्रशंसा से उपजा समझा था और ऐसी भावना मेरे हृदय में उठती थी, परंतु साँगा की श्रेष्ठता पर मुझे गर्व भी होता था। पृथ्वी ने अपने द्वेष को इतना बड़ा कर लिया, मुझे ज्ञात भी नहीं हुआ। रोज आखेट पर मुझे अपने साथ ले जानेवाला पृथ्वी उस दिन मुझे न ले गया, अन्यथा मेरे प्राण भले चले जाते, परंतु मैं कुँवर साँगा पर आँच न आने देता। हाय! मेरा दुर्भाग्य कि मैं तनिक सी भूल से ऐसा दोषी बना।''

''कभी-कभी इतना भोलापन भी ठीक नहीं होता!'' सूरजमल ने कहा, ''तुम नहीं जानते कि क्या है, तुम्हारी भूल से मेवाड़ का राजमहल उदास हो गया। कुँवर साँगा जैसा वीर योद्धा जाने किस हाल में होगा?''

''क्या···क्या मेरा पुत्र जीवित होगा?'' राजा रायमल बड़बड़ाए।

''ऐसे ही संकेत मिल रहे हैं महाराज और माता चारणी उनकी रक्षक हों, शीघ्र ही उनकी खोज सफल हो जाएगी। मैंने चारों ओर गुप्तचर भेज दिए हैं। कुँवर जहाँ भी होंगे, मिल जाएँगे? परंतु इस समय जो राजसंकट है, उसमें क्या करना है, यह आप बताएँ? यह ऐसा विषय है, जो चित्तौड़ से बाहर गया तो शत्रु प्रबल हो

जाएँगे। तीनों कुमारों के पराक्रम की कीर्ति ने शत्रुओं को भयभीत किया था और इस स्थिति में शत्रु प्रसन्न ही होंगे।''

''कुमार सूरज हम तुम्हारी बात समझ रहे हैं! इस कुलघाती पृथ्वीराज ने हमारे कुल को जो दाग लगाया है, उसने हमें व्यथित कर दिया है। हमने समझा था कि अब मेवाड़ को कीर्ति शिखर पर ले जाने का शेष कार्य ये तीनों करेंगे, परंतु इन्होंने तो उस शक्ति को ही खंडित कर दिया। मेवाड़ फिर से दुर्दिनों के कुचक्र में फँसने जा रहा है।''

''जब तक कुँवर साँगा हैं, तब तक मेवाड़ की ओर कोई कुदृष्टि नहीं डाल सकता।''

''ईश्वर कुँवर की रक्षा करें। कुमार जयमल, यद्यपि तुमने अक्षम्य अपराध किया है, परंतु तुम्हारे पश्चात्ताप और परिस्थितियों को देखते हुए हम तुम्हें क्षमा करते हैं।'' महाराणा ने जयमल को कंधे पकड़कर उठाया, '' तुमने समय रहते हमें या कुमार सूरज को तुम्हारे पृथ्वी के इरादे बताए होते तो यह संकट न आता। हमारा प्रिय साँगा ऐसे संकट में न फँसा होता।''

''मुझे दंड दीजिए पिताश्री, अंधकूप में डाल दीजिए। फाँसी पर लटका दीजिए।''

''उससे क्या लाभ होगा कुँवर जयमल, मेवाड़ पहले ही तुम्हारे मौन और पृथ्वी की क्रूरता से संकट में है। अब तुम्हें भी खो देना ठीक ऐसे होगा, जैसे अपने ही हाथों से अपनी भुजाएँ काट देना। तुमसे भूल हुई और उसका अब यही प्रायश्चित्त है कि तुम कुँवर साँगा की खोज में प्राणपण से जुट जाओ।'' सूरजमल ने कहा, ''रही बात, कुमार पृथ्वी की तो उसका निर्णय तो महाराज ही करेंगे।''

''उस दुष्ट को तो हम मृत्युदंड ही देंगे। सूरजमल, इस सारे प्रकरण को जितना भी गुप्त रखा जा सके, मेवाड़ की सुरक्षा के हित में उतना ही अच्छा है, तुम कुँवर की खोज में निकल जाओ।'' महाराणा ने आदेश दिया।

सूरजमल और जयमल ऊपर से अत्यंत दुःखी, परंतु मन–ही–मन प्रफुल्लित हो उठे। सूरजमल की योजना सफल हो रही थी। किस कुटिलता से उसने मेवाड़ की युवा शक्ति का लगभग विनाश कर दिया था। यदि पृथ्वी को मृत्युदंड, साँगा की मृत्यु हो जाती तो मूर्ख जयमल को अपने मार्ग से हटाना सूरजमल के लिए क्या दुष्कर कार्य था? जयमल अपनी सफलता पर प्रसन्न था। पृथ्वी को मृत्युदंड देने का निर्णय हो चुका था, वह साँगा को खोजकर जीवित छोड़ने वाला नहीं था और···और सूरजमल को तो वह समय आने पर बताएगा कि मूर्ख कौन था? वह

उसे ऐसी जगह ले जाकर मारेगा, जहाँ पानी की बूँद भी मिलना असंभव होगा। घात-प्रतिघातों, षड्यंत्रों की यह परंपरा राजकुलों में सदैव से ही चली आ रही थी और यही कारण था कि तुर्क-अफगान आदि शासक भारतवर्ष में अपनी जुड़ें जमा चुके थे।

"पिताश्री, आपने मुझे क्षमा कर दिया, यह मेरे लिए एक सीख की भाँति है। अब मैं आपको कभी शिकायत का अवसर नहीं दूँगा। मेवाड़ की सेवा में अपना जीवन लगा दूँगा। अनुज साँगा की खोज में जमीन-आसमान एक कर दूँगा, तभी मेरा प्रायश्चित्त पूर्ण होगा।"

"जाओ कुँवर, यदि कुँवर साँगा को जीवित खोज लाए तो यह भी मेवाड़ पर तुम्हारा बहुत बड़ा उपकार होगा। इससे बड़ी राष्ट्रसेवा और क्या होगी? इससे अधिक माता-पिता को तुम और क्या खुशी दोगे?"

जयमल ने पिता के चरण छुए और सूरजमल के साथ वहाँ से चला गया। महाराणा रायमल कई क्षण वहीं खड़े रहे और फिर अपने नेत्रों में अश्रुबिंदु आए जानकर उन्हें पोंछा। पृथ्वी पर उन्हें इतना क्रोध आ रहा था कि यदि वह सामने होता तो उनकी तलवार उसे दंड देती। उस निर्दयी ने अपनी माता के आँसू भी न देखे और स्वयं कितना नाटक कर रहा है। उनके जबड़े क्रोध से फूलने-पिचकने लगे थे, परंतु उन्हें इस क्रोध पर अंकुश लगाना था।

महाराणा ने स्वयं को संयत किया और गुप्त मंत्रणा कक्ष से निकलकर उस कक्ष में पहुँचे, जहाँ महारानी रतनकँवर थीं। महाराणा को आता देखकर उन्होंने चुनरी के पल्लू से अपने अश्रू पोंछे। स्पष्ट था कि वे पिछले काफी समय से रोती रही थीं। महाराणा उनके पलंग पर बैठ गए।

"रा···राणाजी, कुछ···कुछ पता चला कुँवर का?" रानी ने पूछा।

"महारानी, इस कुल को क़िसी की नजर लग गई। तुम्हारा कपूत पृथ्वी सिंहासन के लिए अपने भाई की हत्या का प्रयास कर बैठा।"

"राणाजी!" महारानी के नेत्र आश्चर्य से फैले।

महाराणा ने सविस्तार सारी बात सुनाई तो रानी रोने लगी।

"अब उस कुलघाती को मृत्युदंड देकर उसके अक्षम्य पाप का दंड देते हैं।"

"राणाजी, रानी ने रोते हुए कहा," मुझ अभागिनी ने अवश्य पूर्वजन्म में कोई पाप किए होंगे, जो पृथ्वी जैसा कपूत मेरी कोख से पैदा हुआ। मेरा प्रिय पुत्र साँगा जाने किस दशा में होगा? मैं अब कभी देख भी पाऊँगी या नहीं? पृथ्वी ने जो किया, उसे सोचकर उसकी सूरत देखना भी मुझे स्वीकार नहीं, मेरा हृदय उस कपूत को

भी मृत्युदंड देने के नाम से कंपित हो रहा है। कुँवर साँगा के पश्चात् मेरा मातृत्व तो रसहीन ही हो गया, परंतु अब इसे पुत्रविहीन न करें। आप उस पापी पृथ्वी को उसके पाप के लिए दंड के रूप में देश-निकाला की सजा देकर उसे जीवन भर पछताने के लिए छोड़ दें। जीवित रहकर उसे अपने पाप पर क्षोभ होगा। संसार में इस अभागिनी का कपूत ही सही, एक पुत्र तो जीवित रहेगा।

"महारानी, तुम्हारी पीड़ा हम समझ रहे हैं।" महाराणा सांत्वनापूर्ण स्वर में बोले, "किंतु हम तुम्हें अधिक पीड़ित नहीं होने देंगे। हम पृथ्वी को देश-निकाला दे देंगे। ईश्वर ने चाहा तो हमारा साँगा भी शीघ्र ही मिल जाएगा और सभी संताप समाप्त हो जाएँगे।

महाराणा रायमल ने यही निर्णय किया। पृथ्वी जैसे कपूत को त्याग देने का निर्णय उचित था।

□

श्रीनगर में सैनिक पराक्रम

कुँवर संग्राम सिंह को राठौड़ बींदा के सेवक मारवाड़ ले आए थे और वहाँ बहुत दिनों तक उनका उपचार किया। उनके घावों को भरने में बहुत समय लगा और जब उनकी आँख से पट्टी हटाई गई तो पता चला कि उनकी वह आँख पूरी तरह ज्योतिविहीन हो गई है। चंद्रमा में दाग लग गया, कामदेव सरीखे कुँवर साँगा का व्यक्तित्व अब अपूर्ण हो गया था, फिर भी उस वीर पुरुष ने धैर्य न खोया। वहीं उन्हें राठौड़ बींदा के महान् बलिदान के बारे में भी पता चला और उनका हृदय उनके प्रति श्रद्धा से भर आया। अब वे चित्तौड़ नहीं जाना चाहते थे। उनके अग्रज ने जो किया था, उसका व्यापक प्रभाव चित्तौड़ में पड़ा होगा, जिसे वे लौटकर और अधिक संगीन नहीं बनाना चाहते थे। उन्हें राजसिंहासन का लालच नहीं था। वे मेवाड़ की प्रगति के पक्षधर थे और कदापि नहीं चाहते थे कि उनके कारण पारिवारिक विघटन हो जाए।

कुछ दिन और स्वास्थ्य-लाभ लेने के बाद संग्राम सिंह ने उन लोगों से विदा ली और मारवाड़ के एक अन्य गाँव में जा पहुँचे। अब उनके तन पर साधारण वस्त्र थे। मेवाड़ का राजकुमार आज एक साधारण निर्धन व्यक्ति था। साँगा ने जीवनयापन के लिए एक ग्वाले के यहाँ सेवक की नौकरी कर ली। ग्वाले के पास बहुत सी गाय और भैंसें थीं। साँगा का बलिष्ठ शरीर इस कार्य के लिए पूर्णतया अनुकूल प्रतीत हुआ और वह ग्वाला भी साँगा के कार्य से प्रसन्न था। भले ही साँगा को ऐसे कार्य का कोई अनुभव न था, परंतु फिर भी वह मनोयोग से कार्य करते थे। कोई नहीं कह सकता था कि उस साधारण सेवक के रूप में मेवाड़ का वह राजकुमार था, जो भविष्य में इतिहास बदल देने की क्षमता रखनेवाला था।

साँगा जितने समर्पण भाव से सेवा कार्य करते थे, उतने ही वे अपने सिद्धांतों के भी पक्के थे। समय पर सभी कार्य पूरे करना उनकी उचित प्रवृत्ति थी। उनके स्वामी

ग्वाले को समय के प्रति उनकी ऐसी बाध्यता अखरती थी। ग्वाला इस कर्मनिष्ठा को क्या समझता? वह तो इसे समय बिताना मानता था। साँगा के भोजन का समय निश्चित था और मात्रा सामान्य से अधिक थी। वह साँगा को पेटू-भुक्कड़ तक कह देता था, जबकि इतने परिश्रम के पश्चात् उतना भोजन अस्वाभाविक नहीं था। एक और बात जो ग्वाले को अखरती थी, वह थी उस युवक का मौन और अकड़! वह क्या जानता था कि वह एक राजपूत कुँवर था, जिसके रक्त में मेवाड़ी शान की स्वाभाविक स्वाधीनता विद्यमान थी।

स्वामी ग्वाले को अपने सेवक का राजसी व्यवहार दिन-प्रतिदिन कुंठित करने लगा था और एक दिन उसके धैर्य का बाँध टूट गया। उसने जान-बूझकर उस दिन भोजन नहीं बनवाया और आराम से बैठ गया।

साँगा अपने कार्य निबटाकर निश्चित समय पर भोजन के लिए आए, परंतु आज भोजन बना हुआ न देखकर शंकित हो गए।

''स्वामी, आज भोजन नहीं दिख रहा है?'' साँगा ने धीरे से कहा, ''समय भी हो गया है।''

''आज भोजन में विलंब होगा…।'' स्वामी ग्वाले ने कड़कते हुए कहा, ''अभी काम कर।''

''विलंब का कारण?''

''हमारी इच्छा! तू नौकर है, हम मालिक हैं। हम निर्णय करेंगे कि तुझे कब और कितना भोजन देना है। काम को देखा जाए तो तू उससे अधिक भोजन करता हैं। इतने भोजन में चार लोग पेट भर सकते हैं।''

''भोजन की मात्रा सबकी समान नहीं होती और कार्य व परिश्रम के अनुसार मेरा भोजन अधिक नहीं है। आप मुझे मुफ्त में भोजन नहीं देते हैं।'' साँगा ने धैर्यपूर्वक कहा, ''बदले में मैं भी आपके सभी कार्य निष्ठापूर्वक करता हूँ।''

''बहस मत कर, आज मैं तेरे भोजन का समय और मात्रा निर्धारित करूँगा। तेरे जैसे बहुत नौकर आए और गए, लेकिन आज तक किसी ने तेरे जैसी अकड़ नहीं दिखाई। तुझे खाना समय पर चाहिए, परंतु काम का समय भी तुम ही निर्धारित करो, यह मुझे स्वीकार नहीं।''

''स्वामी होने का अर्थ यह नहीं होता कि अपना उचित-अनुचित इच्छा सेवक पर थोप दी जाए। यह पशुवत् व्यवहार है, जो मुझे स्वीकार नहीं।''

''तेरा यह साहस कि हमें पशु कह रहा है?'' स्वामी भन्ना गया। वह तमककर अपने तख्त से उठा, परंतु सहमकर रुक गया।

साँगा के नेत्रों में चमकती आवेश की बिजलियाँ देखकर वह पुनः तख्त पर जा बैठा।

''ऐसी भूल कभी मत करना।'' साँगा के स्वर में कठोरता के साथ ही गहन गंभीरता थी, ''स्वामी को कार्य से मतलब होना चाहिए। सेवक कोई गाय-भैंस नहीं होता, जिसे डंडे से हाँका जा सके। तुम्हारी यह नौकरी इस संसार की आखिरी नौकरी नहीं है। श्रमवान को कहीं भी काम मिल जाता है। तुम्हें मेरा भोजन अधिक लगता है और काम थोड़ा, अतः अब मेरा यहाँ रहना ठीक नहीं है, मैं चलता हूँ।''

साँगा इतना कहकर वहाँ से चल पड़े। ग्वाले का साहस भी नहीं हुआ कि वह कुछ कह सके। साँगा वहाँ से चलकर अजमेर आ गए और एक साधारण सी नौकरी कर ली। इस नौकरी में उन्होंने जी तोड़ परिश्रम करके अपने लिए एक तलवार और एक घोड़ा खरीद लिया। उनका विचार था कि उन्हें अब कहीं सैनिक की नौकरी करनी चाहिए, जो उनके स्वभाव और व्यवहार के अनुरूप होगी। वे ऐसी नौकरी की खोज में लग गए।

एक दिन साँगा अपने घोड़े पर सवार होकर अजमेर के बाहरी क्षेत्र में भ्रमण कर रहे थे कि चार सैनिकों ने उन्हें घेर लिया। अपने साधारण वस्त्रों के कारण और कमर में लटकी तलवार के कारण उन्हें सैनिकों ने संदेह की दृष्टि से देखा।

''कौन हो तुम? अपना परिचय दो, इससे पूर्व तो तुम्हें इस क्षेत्र में कभी नहीं देखा। लगता है, तुम तुर्क लुटेरों के गिरोह से हो?'' एक सैनिक ने कड़कते हुए पूछा है।

''मेरा परिचय यही कि मैं एक राजपूत हूँ।'' साँगा ने उत्तर दिया, ''मेरी यह तलवार ही मेरा परिचय है।''

''इसे बंदी बनाकर महाराज के पास ले चलो।''

साँगा ने कोई विरोध नहीं किया। सैनिक उन्हें बंदी बनाकर अजमेर के समीप स्थित छोटी सी रियासत श्रीनगर लेकर आए, जो प्राचीनकाल से ही राजपूत परमारों की राजधानी रही थी। इस समय वहाँ राव कर्मचंद का शासन था।

राव कर्मचंद ने बंदी को ध्यान से देखा।

''कौन हो युवक?'' महाराज ने पूछा, ''हमारे सैनिक तुम्हें क्यों बंदी बनाकर लाए हैं?''

''महाराज, मैंने स्वयं आप तक पहुँचने के लिए खुद को बंदी बनाया, अन्यथा आपके चार क्या चालीस सैनिक भी मेरे शरीर को स्पर्श नहीं कर सकते थे।''

''अच्छा, इतने वीर योद्धा हो तुम, हमसे क्यों मिलना चाहते थे?''

"मैं एक सैनिक हूँ, नौकरी की खोज में आया हूँ।"

"किस देश से आए हो?"

"सैनिक का देश उस राज्य का देश होता है, जिसकी वह नौकरी करता है।"

"इससे पहले कहाँ नौकरी करते थे?"

"एक ग्वाले के पास सेवक था, उसे मेरी नियमित जीवन शैली और अधिक भोजन करने से चिढ़ थी तो मैंने उसकी नौकरी छोड़ दी। मैं मूल रूप से सैनिक हूँ। अत: इसी आशा से यहाँ आया हूँ।"

"बिना ठोस परिचय के तुम्हें नौकरी कैसे दें? हमारी छोटी–सी रियासत के बहुत सारे शत्रु हैं। क्या पता तुम किसी के गुप्तचर हो?"

"आपका सोचना उचित है, परंतु आप उस ग्वाले से मेरे विषय में जान सकते हैं। मैंने कई महीने तक उसकी सेवा की है। वह जैसा भी है, परंतु इस विषय में असत्य नहीं बोल सकता।"

"युवक, तुम्हारी बातों में दृढता तो है, परंतु हम इस प्रकार किसी को सेवा में रखने का जोखिम नहीं उठा सकते। तुम्हें अपना ठोस परिचय तो देना ही होगा, अन्यथा तुम्हारा जीवन संकट में पड़ जाएगा।"

"महाराज! मैं राजपूत हूँ और मेरा परिचय मेरी तलवार है। इस समय मैं स्वेच्छा से बंदी बनकर आया हूँ। अत: आप जैसा चाहें, वैसा व्यवहार कर सकते हैं। मैं ईश्वर को साक्षी मानकर कहता हूँ कि मैं भाग्य का सताया हुआ सैनिक हूँ, किसी का गुप्तचर नहीं।"

"इसके बंधन खोल दिए जाएँ।" राव कर्मचंद ने आदेश दिया तो साँगा के बंधन खोल दिए गए, "युवक, बाहर तुम्हारा अश्व खड़ा है और तुम्हारी तलवार तुम्हारे पास है। तुम राजधानी से निकलकर यदि हमारी सीमा से बाहर जीवित चले गए तो लौटकर आना, तब हम तुम्हारा परिचय जाने बिना तुम्हें सेवा में रख लेंगे। सैनिको, इस युवक को नगर के बाहर तक स्वच्छंद जाने दो, परंतु स्मरण रहे कि यह रियासत की सीमा पार न कर पाए। युवक, तुम्हें चुनौती स्वीकार है?"

"स्वीकार है महाराज!" साँगा ने दृढता से कहा।

इसके बाद साँगा राजमहल से बाहर निकले और अपने अश्व पर सवार होकर नगर से भी बाहर आ गए। वे जानते थे कि अब श्रीनगर के सैनिक उनके कौशल और पराक्रम की परीक्षा लेंगे, जिसके लिए वे तैयार थे। उन्होंने भी अपनी तलवार हाथ में ले ली और आगे बढ़ें। सामने ही सैनिकों की एक टुकड़ी संभवत: उन्हीं की प्रतीक्षा में थी।

साँगा ने अपने घोड़े की पीठ थपथपाई और सैन्य टुकड़ी से जा भिड़े। कई माह के पश्चात् उन्होंने अपने पराक्रम का स्वदर्शन किया था। अतः पूरे कौशल और दक्षता से साँगा ने थोड़ी ही देर में अपना मार्ग साफ कर लिया और आगे बढ़ चले, परंतु अब मार्ग में बाधाएँ भी अधिक हो गई थीं, क्योंकि दूसरे पक्ष को समय मिल गया था।

साँगा को श्रीनगर की सीमा पार करने के लिए चार सैन्य टुकड़ियों का सफाया करना पड़ा था, परंतु यह उनके कौशल और पराक्रम की ही बात थी कि उन्हें एक खरोंच तक नहीं लगी थी।

संध्या हो चली थी। श्रीनगर की सीमा पार करके वे थोड़ी देर विश्राम करने के बाद वापस चल पड़े। रास्ते में उन्हें वे घायल और मृत सैनिक मिले, जो उनकी तलवार की भेंट चढ़ गए थे।

महाराज राव कर्मचंद ने तत्परता से घायलों का प्राथमिक उपचार और मृतकों का अंतिम संस्कार करा दिया था।

साँगा निर्भय होकर राजधानी में पहुँच गए थे। वहाँ उनका स्वागत स्वयं राव कर्मचंद ने किया। उनके डेढ़ सौ सैनिक अवश्य मारे गए थे, परंतु उन्हें उस नए सैनिक के पराक्रम से इस क्षति की भरपाई होती लगी।

साँगा ने अपने साहस और पराक्रम से अंततः सैनिक की नौकरी प्राप्त कर ली थी।

□

पृथ्वीराज को देश-निकाला

पृथ्वीराज अब राजकुमार नहीं रहे थे। उन्हें महाराणा ने चित्तौड़ की सीमा से बाहर निकल जाने का दंड दिया था। एकबारगी तो पृथ्वीराज सन्नाटे में आ गए, फिर विरोध करने की सोची, परंतु महाराणा के रक्तिम नेत्रों को देखकर वे साहस न जुटा पाए।

''तेरे जैसे भ्रातृद्रोही षड्यंत्रकारी पुत्र की हमें कोई आवश्यकता नहीं। जिसके हृदय में परिवार के लिए प्रेम और राज्य के प्रति शुभेच्छा न हो, उस कुलघाती को चित्तौड़ की धरती पर बोझ बनकर हम नहीं रहने देंगे। यदि आज के बाद चित्तौड़ में तेरी सूरत दिखाई दी तो हम तुझे अपनी तलवार से मृत्युदंड देंगे। आज से तू चित्तौड़ के लिए मर गया।''

पृथ्वीराज को इन शब्दों ने अंदर तक हिला दिया। वह जान गया था कि उसका भेद खुल गया है, परंतु कैसे? यह वह समझ नहीं पा रहा था। किसने उसके बने-बनाए खेल को बिगाड़ दिया? वह माता के पास भी गया, जिसने उसे देखकर मुँह फेर लिया। कोई शंका नहीं थी कि अब चित्तौड़ से उसका दाना-पानी उठ गया था। वह अपने कुछ विश्वासपात्र साथियों के साथ मुँह लटकाए नगर से बाहर आ गया था। रह-रहकर उसे अपने बिगड़े खेल की याद आती और वह रुआँवा हो उठा! पर अब क्या हो सकता था? उसमें इतनी सामर्थ्य नहीं थी कि वह महाराणा के निर्णय के विरुद्ध चले जाता या कुछ बल प्रयोग का साहस करता।

पृथ्वीराज ने एक तरह से अपने ही हाथों अपने पैरों पर कुल्हाड़ी मार ली थी। पारंपरिक अधिकार से उसे मेवाड़ का राज्य मिल भी सकता था, परंतु अब उसे उससे भी वंचित किया जा चुका था। माता चारणी सच ही कहती थी कि वह कुछ भी करे, परंतु मेवाड़ का सिंहासन साँगा को मिलेगा। साँगा अभी जीवित था, इसमें तो कोई संदेह नहीं था।

अपने साथियों के साथ चलते-चलते पृथ्वीराज चित्तौड़ की सीमा से बाहर आ गए और अँधेरा होने पर वहीं रेगिस्तान में पड़ाव डाल लिया। उसके पास भोजन के लिए भी कुछ नहीं था, परंतु उसे भूख ही कहाँ थी?

"राजकुमार!" भदेल राठौड़ नाम का साथी बोला, "यह तो बड़ी उल्टी चाल पड़ी। हमने तो प्राणपण से आपकी सहायता की और यह पुरस्कार पाया।"

"ऐसे खेलों में ऐसा ही होता है, राठौड़!" जन्ना नामक दूसरा साथी बोला, "यह शतरंज की बिसात है। इसमें कौन मोहरा चलाता है और कौन मोहरा बनता है, पता नहीं चलता। राजकुमार ने अपनी समझ से सब ठीक किया, पर चाल उल्टी पड़ गई।"

"तुम सब लोग आज मुझे कोस रहे हो शायद!" पृथ्वीराज धीरे से बोला।

"नहीं राजकुमार!" सिंहल नामक सैनिक बोला, "हम प्रत्येक परिस्थिति में अपके साथ हैं। आपने सदैव हमारा हित किया है। अब संकट के समय हम आपका साथ छोड़ने की कृतघ्नता नहीं कर सकते। हमारे प्राण आपके लिए प्रस्तुत हैं। यह सूरज और चाँद के मिलन का समय है, इस समय हम शपथ लेते हैं कि आप जहाँ कहेंगे, वहीं हम अपना रक्त बहा देंगे।"

"हाँ राजकुमार पृथ्वी, भले ही कोई और आपको चित्तौड़ का अधिपति न माने, परंतु आप हमारे लिए आज भी श्रद्धेय हैं।"

"मित्रो! आप सबका साथ और निष्ठा देखकर मुझे अपना कष्ट कम होता प्रतीत हो रहा है। हमने एक खेल खेला और हार गए। जीवन में यह सब चलता रहता है, परंतु जीवन समाप्त तो नहीं हो जाता।"

"समाप्त होने में भी क्या कसर रह गई थी। राणाजी ने हम पर दया दिखाई और मृत्युदंड नहीं दिया, अन्यथा अब तक स्वर्गवासी हो चुके होते।"

"यह स्थिति क्या मृत्युदंड से कम है कि हम इस रेत में लेटे पड़े हैं। यहाँ न भोजन की आशा है, न ही जल की।"

"मित्रो, हमसे त्रुटि कहाँ हुई?" पृथ्वी ने उलझन भरे स्वर में कहा, "सब कुछ तो ठीक था।"

"और कुमार जयमल कैसे इस षड्यंत्र से साफ बच निकले?"

"वही, कर गया विश्वासघात!" पृथ्वीराज चौंककर उठ बैठा, "उसी ने मेरे विरुद्ध षड्यंत्र रचा है और··और अब तो मुझे भी लगता है कि यह सब षड्यंत्र उसी ने रचा था, उसने हमें मोहरा बनाकर हम दोनों भाइयों को राजसत्ता से बाहर

कर दिया और स्वयं दूध का धुला बनकर रह गया। वाह भोले जयमल! मूर्ख सहायक तो मैं बना।''

''राजकुमार इतनी बुद्धि कुमार जयमल में कहाँ से आई?''

''अब सब स्पष्ट है। संदेह की कोई बात ही नहीं रह गई। काका सूरजमल ने अपनी दार्शनिकता और राय दे-देकर उस भोले कुमार को चतुर बना दिया था। उसे करना भी क्या था? सबकुछ तो मुझे करना पड़ा। उसे तो अपने लाभ के लिए केवल पिताश्री को भरमाना था और सारा दोष मेरे ऊपर डालकर यह होना भी कठिन नहीं था। आह! मैं मूर्ख बन गया।''

''राजकुमार! अभी हमें कुमार जयमल के भी मूर्ख बनने की आशंका है।''

''हाँ, हो सकता है। इस संभावना से मना भी नहीं किया जा सकता। काका सूरजमल इस राजनीति के मँजे हुए खिलाड़ी हैं और उनके तो रक्त में भी यह कुटिलता होगी, जिसे वे विद्वत्ता में छुपाए रहते हैं।''

''यदि ऐसा है तो समझो कि उनका उद्‌देश्य तो सफल हो गया। हमारे राजकुमार निर्वासित हो गए। कुँवर साँगा की खोज-खबर नहीं। जैसा उन्हें घायल बताते हैं तो जीवित भी हो सकते हैं या नहीं भी। शेष रहे कुमार जयमल...तो उन्हें तो काका जैसे चतुर सुजन कठपुतली की भाँति नचाते रहेंगे।''

''प्रश्न उठता है कि अब क्या करना चाहिए?''

''अपने अपराध का प्रायश्चित्त और शक्ति-संचय।'' पृथ्वीराज ने कहा, ''अब यही एकमात्र मार्ग है, जिससे मेवाड़ में राजकुमार पृथ्वीराज को खोया हुआ सम्मान और प्रतिष्ठा वापस मिल सकती है। मेवाड़ के शत्रुओं का दमन करके अपनी राजनिष्ठा को दिखाना होगा, जिससे महाराणा के मन में हमारी आवश्यकता उत्पन्न हो सके। हमें वह कार्य करने होंगे, जिनसे पिताश्री को प्रसन्नता मिले और वे हमारे अपराध को भूलने का प्रयास करें।''

''सत्य कहा राजकुमार! अच्छाई एक दिन बुराई को समाप्त कर देती है। सत्कर्मों से पाप को धोया जा सकता है। यदि हम मेवाड़ के हित में कुछ ऐसे कार्य करें, जिससे राणाजी को प्रसन्नता हो तो अवश्य ही उनका मन परिवर्तन होने की संभावना रहेगी।''

''ऐसे कौन से कार्य हो सकते हैं?''

''गोंडवाड़ में मेवाड़ का शासन है, लेकिन वह पश्चिमी पहाड़ी प्रदेश अरावली के ऊबड़-खाबड़ क्षेत्र के कारण जंगली जातियों की शरणस्थली है, जहाँ सदैव से हमारी सेना असहाय रही है। वहाँ के निवासी इन जंगली लुटेरों से भयभीत हैं और

आए दिन दरबार में इनकी शिकायत आती रहती है। यदि हम वहाँ के विद्रोह का दमन करके प्रजा को निर्भय करें तो राणाजी बहुत प्रसन्न होंगे।''

''सुना है कि इस क्षेत्र में मीणा जाति के लोगों ने चित्तौड़ के समानांतर अपना शासन स्थापित कर रखा है और उनके सरदारों का मुख्य दरबार नाडोलोई में लगता है। आए दिन हमारे सैनिकों की हत्या होती रहती है। सार यह है कि गोंडवाड़ मेवाड़ का हिस्सा होकर भी अशांत और मेवाड़ से अलग है।''

''फिर सोचना क्या है ?'' पृथ्वीराज ने कहा, ''हम गोंडवाड़ को पूरी तरह भयमुक्त करके मेवाड़ का शासन स्थापित करेंगे। उन लुटेरे मीणाओं को हम वहाँ से मार भगाएँगे और मेवाड़ की शक्ति का वर्चस्व स्थापित करेंगे।''

''परंतु यह सरल कार्य नहीं है, राजकुमार!''

''अब सरल कार्य करने से पृथ्वीराज का भला नहीं होगा मित्रों, ऐसे ही दुष्कर और राज्यहित के कार्यों से अपनी आवश्यकता पैदा करनी होगी, अन्यथा राजसुखों की बात भूलनी होगी।'' पृथ्वीराज ने दृढता से कहा।

□

श्रीनगर रियासत में साँगा का स मान

साँगा अब सैनिक रूप में श्रीनगर में राव कर्मचंद के यहाँ नौकरी कर रहे थे। राव कर्मचंद एक महत्त्वाकांक्षी राजा थे, जो अपनी छोटी सी रियासत का सीमा-विस्तार करना चाहते थे। उनके पास अधिक सेना भी नहीं थी और साधन भी नहीं थे। उनके राज्य की दक्षिणी और पश्चिमी सीमा तुर्क रियासतों से लगी थी, जिन पर अधिकार करने का स्वप्न उनके राजपूती हृदय में बहुत पहले से था, परंतु कभी सफलता न मिल पाती थी। तुर्क सेना अत्यंत निडर और निर्दयी थी और संख्या में भी अधिक थी, तो राव कर्मचंद को अपना स्वप्न पूरा होने के बीच यह बाधा सदैव दिखाई देती थी। जब से यह नया सैनिक आया था, तब से कुछ आशा सी बँधी अवश्य थी, परंतु सफलता के प्रति वे अभी भी आश्वस्त नहीं थे, फिर भी उन्होंने उस नए सैनिक को आजमाने का मन बना लिया था। अपने विश्वस्त मंत्रियों से वे इसी विषय में विचार-विमर्श कर रहे थे।

''हमारी पश्चिमी सीमा के कई गाँव तुर्कों द्वारा हमसे छीन लिये गए।'' राव ने गंभीरता से कहा, ''विख्यात परमार राजपूतों की इस रियासत पर तुर्कों की कुदृष्टि लगी हुई है और यदि हमें कुछ अन्य राजपूत रियासतों की सहायता न मिल रही होती तो अब तक हमारा विलय इन्हीं तुर्क रियासतों में हो जाता, जो कि अब धीरे-धीरे किया जा रहा है। हमारे पश्चिमी और दक्षिणी सीमाओं के गाँव-नगर हमसे छीने जा रहे हैं। हम चाहते हैं कि हमें अब देखते नहीं रहना चाहिए।''

''महाराज! हम मौन कब बैठे हैं? कई बार तो शत्रुओं को अपनी सीमा से बाहर करने का प्रयास कर चुके हैं, परंतु सफलता नहीं मिल पाती।'' सेनापति ने कहा।

''उन असफलताओं का कारण हम जान चुके हैं। हमारी सेना में अभी तक वह आत्मविश्वास ही नहीं था, जिससे अपनी सुरक्षा और शत्रु पर आक्रमण करने में सफलता मिलती। किसी भी सेना में आत्मविश्वास का होना जरूरी है और यह

तब आता है, जब कुछ सफलताएँ प्राप्त होती हैं। हम चाहते हैं कि पुन: अपने उन सीमावर्ती गाँवों को मुक्त कराने के प्रयास किए जाएँ और इस बार सेना का संचालन हमारे नए वीर सैनिक कुँवर सिंह को दिया जाए।''

''महाराज, उसके बल और पराक्रम में तो हमें भी कोई संदेह नहीं है, परंतु उसकी निष्ठा अभी सिद्ध नहीं हुई है। हम उसका नाम भी नहीं जानते। आपने ही उसे कुँवर सिंह का नाम दिया है।''

''महामंत्री! संसार में कुछ व्यक्तित्व ऐसे होते हैं, जिनके बारे में सबकुछ उनके ललाट पर लिखा होता है। कुँवर सिंह भी उन्हीं में से एक है।भले ही हम उसके विषय में कुछ नहीं जानते, परंतु उसका तेज देखकर हमारा अनुभव कहता है कि वह कोई साधारण सैनिक नहीं है। हमें तो लगता है, वह श्रीनगर का उद्धार करने ही आया है। उसकी निष्ठा और पराक्रम की परख हमें करनी चाहिए।

''अवश्य महाराज! उसने आन-ही-आन में हमारे डेढ़ सौ सैनिक मार डाले और इससे भी अधिक घायल कर दिए तो उसके रणकौशल में तो संदेह नहीं। अब शेष उसकी निष्ठा की परख रह जाती है, जो श्रीनगर के प्रति हुई तो हमें बहुत लाभ हो सकता है और यह परख तो शत्रु के रण में ही हो सकती है।''

''कुँवर सिंह को हमारे पास लाया जाए।'' राव कर्मचंद सिंह वहाँ उपस्थित थे। उन्होंने सभी का अभिवादन किया।

''कुँवर सिंह, यह तो सिद्ध हो गया कि तुम एक वीर पुरुष हो। तुम्हारी दक्षता और युद्धकला विशेष है। तुम्हारी चुनौतियों से लड़ने का संकल्प हमें पसंद आया। अपनी वीरता का प्रमाण देने में तुमने कोई कसर नहीं छोड़ी, परंतु क्या इस पराक्रम का श्रीनगर को भी कोई लाभ होगा?'' राव कर्मचंद ने गंभीरता से कहा।

''महाराज! मैं आपका सैनिक हूँ। मेरा कार्य आपके आदेश का पालन करना है। अपने प्राण देकर भी यदि मैं आपको प्रसन्न कर सकता हूँ तो मुझे संकोच नहीं होगा। आप आदेश करें और मेरी निष्ठा देखें।'' साँगा ने कहा।

''यही हमारा विचार भी है, कुँवर सिंह। हमारी रियासत उतनी शक्तिशाली नहीं है, जिससे हम बहुत बड़े साम्राज्य का स्वप्न देखें और हमें अपनी रियासत पर किसी का अतिक्रमण भी स्वीकार नहीं। हमारी पश्चिमी और दक्षिणी सेना तुर्क रियासतों से घिरी है, जो हमारे कई गाँवों में अतिक्रमण कर चुके हैं। हमने बहुत प्रयास किए हैं, परंतु शत्रु हमसे संख्या और साधन में प्रबल हैं। हम चाहते हैं कि तुम हमारे उन गाँवों को तुर्कों से मुक्त कराओ।''

''आदेश का पालन होगा महाराज! आप मुझे एक सैन्य टुकड़ी दें, जिसे मैं अपने ढंग से प्रशिक्षित कर सकूँ और थोड़े से ही सैनिकों से शत्रु का दमन कर सकूँ।

यह व्यापक युद्ध करने की स्थिति तो नहीं है। अत: अपने बल और नीति का हमें चतुराई से प्रयोग करना होगा।'' साँगा ने कहा, ''महाराज, यदि स्वयं राजा सैनिक की प्रशंसा करे तो उसका मनोबल बढ़ता है, परंतु अकारण की हुई प्रशंसा अखरती है। केवल बातों से मन प्रसन्न करने से कुछ नहीं होता। इच्छित परिणाम देने पर मिली प्रशंसा ही सच्ची प्रशंसा होती है।''

''तुम वीर ही नहीं, नीतिवान भी हो। सेनापति, कुँवर सिंह को इस अभियान के लिए जो भी साधन चाहिए, उपलब्ध कराए जाएँ।''

''जो आज्ञा महाराज!'' सेनापति ने कहा।

कुँवर साँगा को उनकी इच्छा के अनुसार सौ सैनिकों की टुकड़ी दे दी गई, जिसे उन्होंने कड़े प्रशिक्षण से कुछ ही दिनों में आत्मविश्वास से भर दिया। वे दिन-रात उन सैनिकों में विजय की लालसा जगाते रहे और युद्ध के सभी नियम भी सिखाते रहे। उनके प्रशिक्षण से एक विशेष सैन्य टुकड़ी तैयार हो गई। राव कर्मचंद को क्षण-क्षण की सूचना मिलती रही और वे आशान्वित होते रहे।

अंतत: एक दिन आज्ञा लेकर साँगा अपने पचास कुशल सिपाहियों को साथ लेकर व पचास को कुछ दूरी से पीछे आने का निर्देश देकर अभियान पर निकल गए। उनका लक्ष्य पश्चिमी सीमा से सटा भदराण गाँव था, जहाँ इन दिनों तुर्क सरदार का हुक्म चलता था। साँगा के वीर सैनिकों ने पाँच टुकड़ियों में बँटकर गाँव में प्रवेश किया और तुर्क सैनिकों पर टूट पड़े। साँगा ने तुर्क सरदार को खोजना आरंभ कर दिया। इस आकस्मिक हमले से घबराए तुर्क सैनिक बाहर की ओर भागने लगे, परंतु गाँव के चारों ओर साँगा के सैनिक थे। इस युद्धनीति से भदराण गाँव को तुर्क विहीन कर दिया गया। सफलता का समाचार राव कर्मचंद को भेज दिया गया।

साँगा ने तत्पश्चात् अपना यह अभियान एक माह तक जारी रखा और पश्चिमी सीमा के अतिक्रमण को समाप्त कर दिया। वे सफल होकर श्रीनगर लौटे और राव कर्मचंद ने उनका भव्य स्वागत किया। अब कोई संदेह नहीं रह गया था कि श्रीनगर को एक ऐसा योद्धा मिल गया है, जो किसी भी कठिन चुनौती का मुँहतोड़ जवाब दे सकता है।

साँगा ने फिर दक्षिणी सीमाओं पर अभियान आरंभ किया। इस बार पहले से अधिक कठिन युद्ध हुए, परंतु साँगा की तलवार ने सब विजित किए। श्रीनगर रियासत अब अपने मूल रूप में आ गई थी। राव कर्मचंद को सुख-शांति का अनुभव हुआ। साँगा का सम्मान भी बढ़ा और पद भी। उन्हें श्रीनगर सेना का मुख्य प्रशिक्षक नियुक्त किया गया।

□

जयमल का राजकुमारी तारा से प्रणय निवेदन

समय अपनी निर्बाध गति से व्यतीत होता रहा। दिन महीनों में और महीने वर्षों में बदल गए। इसी के साथ कुछ और भी परिवर्तन हुए।

पृथ्वीराज ने बड़ी वीरता और लगन से राजहित में कई ऐसे कार्य कर दिए, जिनसे मेवाड़ की कीर्ति बढ़ने लगी। उसने गोंड़वाड़ क्षेत्र से विद्रोही मीणाओं का समूल नाश कर दिया। पर्वतीय क्षेत्रों को निर्भय कर दिया। सिरोही और लांछ जैसी राजपूत रियासतों को अपने अधीन किया और देसूरी के मादरेचा चौहान शासकों का ध्वंस करके अपनी विजय पताका फहरा दी। ये सब सूचनाएँ महाराणा जयमल को मिलती थीं तो उन्हें एक विचित्र सी प्रसन्नता होती थी। यह वे क्षेत्र थे, जो काफी समय पहले उनके अधिकार से निकल गए थे और बहुत प्रयासों के बाद भी वापस प्राप्त नहीं हुए थे। पृथ्वीराज ने ऐसा करके मेवाड़ का गौरव बढ़ाया था, परंतु महाराणा अभी तक उसे क्षमा नहीं कर सके थे।

इधर कुँवर साँगा की कोई खोज-खबर नहीं लग सकी थी और इसका कारण खोज करनेवाले ही थे, जो सूरजमल और जयमल के विश्वासपात्र थे। कुछ माह खोज करने के पश्चात् वे लोग निराश होकर लौट आए। धीरे-धीरे जयमल ने अपने मार्गदर्शक काका के साथ मिलकर सिंहासन की ओर कदम बढ़ा दिए। महाराणा रायमल भी वृद्ध हो चले थे। अत: अब जयमल का राज्याभिषेक होना कुछ ही समय की बात थी। जयमल अब युवराज की भूमिका में आ गया था और कई निर्णय लेने के अधिकार उसे प्राप्त हो गए। इन सब परिवर्तनों के बीच यदि कुछ नहीं बदला था तो वह था महारानी रतनकँवर का पुत्र वियोग। बेशक वे राजमाता की अवस्था को प्राप्त कर रही थीं और राजमर्यादाओं में बँधी थीं, परंतु उनका ममत्व आज भी

हिलोरें लेता था। महाराणा को अपनी प्रिय महारानी की पीड़ा का आभास था और कई बार वे सोचते भी थे कि पृथ्वीराज को क्षमा करके बुला लिया जाए, परंतु फिर साँगा का स्मरण उनके हृदय को कचोट देता था।

इधर जयमल अपने भाग्य पर इतरा रहा था। सूरजमल अपने लक्ष्य की पूर्ति में बड़ी मंद, परंतु सशक्त चाल चल रह था। उसने कुँवर जयमल के हृदय में बहुत पहले ही बदनोर की राजकुमारी तारा का प्रेम अंकुरित कर दिया था। अब ज़यमल मेवाड़ के उत्तराधिकारी के रूप में स्थापित हो चुका था तो उसने राजकुमारी तारा से विवाह करने का निश्चय कर लिया था और उसकी सलाह भी अपने मधुरभाषी काका से ही ली।

''कुमार जयमल!'' सूरजमल ने चिर-परिचित शैली में राय दी, ''बद्नोर की राजकुमारी वास्तव में सुंदर है और सर्वथा तुम्हारे योग्य है, परंतु उसे प्राप्त करना कठिन है। इसके पीछे का इतिहास भी जान लो। टोडा जो कि तक्षशिला क्षेत्र में आता है, कभी अन्हिलवाड़ा के बलहरा राजवंश के सोलंकी सरदार श्यामसिंह के अधिकार में था। यह सोलंकी सरदार पहले अलाउद्दीन खिलजी की सेना में रहते थे, जो बाद में मध्य भारत में जाकर बस गए और टोडा पर अधिकार कर लिया। फिर अफगानों का प्रभुत्व बढ़ने लगा और सरदार लालखाँ ने श्याम सिंह बड़े वीर सरदार थे। परंतु अफगानों की शक्ति पर उनकी पेश नहीं चली और वे भागकर मेवाड़ की शरण में पहुँचे, जहाँ महाराणा ने उनके जीवन निर्वाह के लिए बदनोर की रिसायत दे दी। उन्हीं श्यामसिंह के भाई सुरतान बदनोर के सरदार हैं।''

''इसका अर्थ तो यह हुआ कि सरदार सुरतान मेवाड़ के ऋणी हैं और उन्हें अपनी पुत्री का विवाह मेवाड़ के भावी महाराणा से करने में कोई आपत्ति नहीं होगी? उन्हें तो प्रसन्नता होगी।''

''कुमार, प्रसन्नता सरदार सुरतान को होगी, राजकुमारी तारा की कौन कहे? पहले आपको राजकुमारी से उनकी सहमति लेनी होगी। उनसे मिलकर उनके मन की बात जाननी होगी, तभी इस प्रेम का आनंद लिया जा सकता है।''

''ऐसा क्यों? उसकी कोई शर्त हो तो मैं उसे पूरी करूँगा।''

''यह भी तो वही बता सकती है। तुम्हें संभवत: यह ज्ञात है कि राजकुमारी तारा अनिंद्य सुंदरी होने के साथ-साथ वीर क्षत्रिय बाला भी है। शस्त्र-संचालन और घुड़सवारी में उसे दक्षता प्राप्त है।''

''अहा! ऐसी वीर पत्नी पाकर कौन वीर पुरुष प्रफुल्लित नहीं होगा? आपने तो मेरी जिज्ञासा बढ़ा दी। मैं ऐसी वीर सुंदरी के दर्शन अवश्य करूँगा और उससे

प्रणय-निवेदन करके उसके हृदय में अपना स्थान बनाऊँगा।''

''कुमार! प्रेम की प्रथम भेंट और प्रणय-निवेदन एकांत में हो तो आनंद ही आ जाता है। मैंने सुना है कि राजकुमारी तारा प्रतिमाह के अंतिम सप्ताह बदनोर के राजसी उद्यान में व्यतीत करती है, जहाँ पुरुषों का प्रवेश करना वर्जित है। वहाँ अनेक सुंदरियों के बीच राजकुमारी इस प्रकार रहती है, जैसे सितारों से भरे आकाश में चंद्रमा।''

''मैं...मैं उसी उद्यान को प्रणय-निवेदन का स्मरण-स्थल बनाऊँगा।''

''कुमार, वहाँ खतरा अधिक है। ऐसे स्थान पर परपुरुष का प्रवेश राजपूतों में अपराध की दृष्टि से देखा जाता है। सरदार सुरतान को ज्ञात हुआ तो वे क्रोधित हो सकते हैं।''

''मेवाड़ के भावी राणा पर क्रोधित होने का साहस वह कैसे कर सकेगा और करेगा भी तो मेरी तलवार मौन नहीं रह पाएगी। मुझे सरदार सुरतान के क्रोध की तनिक भी परवाह नहीं, अपितु राजकुमारी तारा ने मुख से प्रेम सहमति दे दी तो सुरतान को कौन पूछता है?''

''यह हुई वीरों वाली बात, परंतु फिर भी सावधान रहना।''

''मेरे विचार से मुझे आज-कल में चल देना चाहिए, क्योंकि इस माह का अंतिम सप्ताह आरंभ होने वाला है।'' जयमल उत्साह से बोला।

''जब भी तुम्हें उचित लगे। प्रणय-निवेदन के लिए सभी मुहूर्त शुभ होते हैं।''

जयमल युवा था, हृदय में प्रेम पल रहा था तो रंगीन स्वप्न देखना तो बनता ही था। प्रेम में खतरे उठाना क्या बड़ी बात थी! जयमल ने सोच लिया कि वह शीघ्र ही बदनोर जाकर राजकुमारी तारा से मिलेगा। उसने तैयारी शुरू कर दी और अपने कुछ विश्वस्त राजपूत साथी चुन लिये। उन सबको समझा दिया कि यह एक गुप्त अभियान है, जिस पर युद्ध की स्थिति भी बन सकती है। अपने भावी शासक के लिए वीर राजपूत प्राण भी देने को तैयार थे।

कुँवर जयमल कुंभलगढ़ से निकलकर महाराणा को बताए बिना बदनोर की ओर चल दिए और कुछ दिन की यात्रा करके बदनोर पहुँच गए। राजसी उद्यान तलाशने में कोई परेशानी नहीं हुई और वहाँ की सुरक्षा-व्यवस्था को धता बताकर कुमार जयमल उद्यान में प्रवेश भी कर गए।

परंतु अंदर राजकुमारी तारा की सखी-सेना ने पकड़ लिया। स्वयं को कई सुंदरियों से घिरा देखकर जयमल का हृदय रोमांच से भर उठा। उसने मुसकराते हुए स्वयं को बंदी करार दिया और तारा के सामने पहुँचा। उसे लगा जैसे स्वर्ग की

अप्सरा उसके सामने आ गई थी। वह मूर्च्छित होते-होते बचा। ऐसा रूप-सौंदर्य उसने कहीं न देखा था।

''सौंदर्य स्वामिनी राजकुमारी तारा को मेवाड़ के भावी महाराणा राजकुमार जयमल का प्रणाम स्वीकार हो।'' उसने अपना परिचय दिया।

''मेवाड़ के राजकुमार!'' तारा चौंक पड़ी और अपनी दासियों को वहाँ से जाने का संकेत दिया, ''राजकुमार, इस प्रकार चोरी-छिपे वर्जित उद्यान में प्रवेश करने का क्या प्रयोजन! आपको तो हमारे राजमहल में आना चाहिए था, जहाँ हम आपका राजसी ढंग से यथायोग्य स्वागत करते।''

''फिर प्रेम का वह आनंद कहाँ रह जाता राजकुमारी, जो इस समय हम अपने हृदय में अनुभव कर रहे हैं। आपको देखकर हमारे मन की प्यास तृप्त सी हुई है। जिनकी प्रशंसा में हमने काव्य सुने हैं, उन्हें सामने देखकर हमारा हृदय प्रसन्नता के हिंडोले पर सवार है।''

''कुमार!'' तारा गंभीरता से बोली, ''आप एक सम्मानित राजकुल के सुयोग्य राजपुत्र हैं। आपका यह प्रेम-प्रदर्शन मुझे रोमांचित अवश्य कर रहा है, परंतु आपका इस राजउद्यान में प्रवेश करना अनुचित है। राजपूती मर्यादा के अनुसार वर्जनाओं को तोड़ना कदापि उचित नहीं कहा जा सकता। यदि मेरे पिता को इस विषय में ज्ञात हो गया तो अकारण युद्ध छिड़ जाएगा, जो दोनों परिवारों के लिए उचित न होगा।''

''राजकुमारी! प्रेम के वशीभूत होकर मैं आपसे भेंट करने का लोभ सँवरण न कर सका और अब मैं आपके पिता से भी अवश्य ही भेंट करूँगा। अब आप मेरे इस प्रणय-निवेदन को स्वीकार करें।''

''कुमार, कौन ऐसी राजकन्या होगी, जो मेवाड़ की कुलवधु नहीं बनना चाहेगी, परंतु मैं प्रणय से प्राप्त होनेवाली कन्या नहीं हूँ। मुझे तो रक्तपात और तलवार के बल पर ही प्रभावित किया जा सकता है। मैं प्रणय का स्वप्न देखने से पूर्व अपने पूर्वजों के राज्य टोडा की दासता की बेड़ियाँ टूटने का स्वप्न देखती हूँ। मैंने संकल्प लिया कि जो वीर मेरे टोडा को अफगानों से मुक्त करेगा, वही मेरे हृदय का सम्राट् बनेगा, चाहे वह किसी राजकुल का हो या साधारण कुल का। यदि आपको मेरा प्रेम प्राप्त करना है तो मेरी यह शर्त, यह स्वप्न पूरा करना होगा।'' राजकुमारी तारा ने गंभीरता से कहा।

''राजकुमारी! मैंने आपसे प्रेम किया है और इस प्रेम के लिए मैं आग के दरिया में भी कूद सकता हूँ। टोडा शीघ्र ही अफगानों से मुक्त होगा और आप मेवाड़ की राजरानी बनेंगी। यह मेरा आपसे वायदा है।''

"मैं उस क्षण की आतुरता से प्रतीक्षा करूँगी।"

"अब मुझे आज्ञा दीजिए। बहुत शीघ्र ही आपको आपके स्वप्न के पूरा होने का शुभ समाचार प्राप्त होगा।"

"कुमार, मेरा विचार है कि आप यहाँ जिस गुप्तरूप से आए, उसी गुप्तरूप से वापस चले जाएँ। मेरे पिता अति क्रोधी स्वभाव के हैं। उन्हें तनिक भी आभास हुआ कि आपने इस उद्यान में आकर बदनोर की राजमर्यादा भंग की है तो अनर्थ हो जाएगा।" तारा ने चिंतित स्वर में कहा।

"मैं आपके इस आदेश का पालन करूँगा राजकुमारी, मैं आपको किसी प्रकार की पीड़ा न देने को वचनबद्ध हूँ। यद्यपि मैं आपके पिता से भी भेंट का इच्छुक था, परंतु आपकी आशंका को देखते हुए मैं अभी चित्तौड़ जाता हूँ। आज्ञा दीजिए।"

राजकुमारी तारा ने मुसकराकर जयमल को और भी रोमांचित कर दिया। जयमल अपनी पहली सफलता पर गद्‌गद होता हुआ वहाँ से बाहर आ गया और वापस चित्तौड़ की ओर चल पड़ा।

□

कुँवर साँगा के विवाह का प्रस्ताव

राव कर्मचंद दिनोदिन साँगा की वीरता, निष्ठा और कर्तव्यपरायणता से परिचित होते गए और उनका स्नेह अपने इस नए वीर सैनिक पर बढ़ता गया। यहाँ तक कि उनके लिए साँगा राज-काज में महत्त्वपूर्ण परामर्शदाता के रूप में शामिल हो गए। सैन्य अभियानों में तो साँगा पर निर्भरता कुछ अधिक ही बढ़ गई थी। साँगा के पराक्रम से श्रीनगर की सीमाओं का विस्तार होता जा रहा था और उनके कुशल परामर्श से राजकोष में निरंतर वृद्धि हो रही थी। प्रजा में खुशहाली आ रही थी और इसका श्रेय प्रजा तो राव कर्मचंद की कुशल शासन नीतियों को देती थी, परंतु राव कर्मचंद इसका श्रेय साँगा को देते थे।

''वह कौन-सी शुभ घड़ी थी, जब कुँवर सिंह ने हमारी रियासत में कदम रखा!'' राव कर्मचंद भावविभोर होकर कहते थे, ''जिस दिन से कुँवर सिंह आया है, हमारी सेना अपराजेय हो गई है। जंगल हरे-भरे हो उठे हैं। खेत-खलिहानों में अन्न के भंडार भरे पड़े हैं। प्रजा प्रसन्न है, निर्भय है। सीमाएँ सुरक्षित हैं।''

राव कर्मचंद के राजज्योतिषी का तो यह कहना था कि वह छद्‌नामधारी सैनिक कोई कुलीन राजपुत्र है, जो ग्रह-नक्षत्रों की विपरीत गति के कारण अज्ञातवास भोग रहा है, जिसके प्रताप से कहीं भी भाग्योदय हो सकता है। इन बातों से राव कर्मचंद कुँवर सिंह नाम के उस सैनिक की वास्तविकता जानने का प्रयास करते थे, परंतु सफलता नहीं मिली थी। गुप्तचर भी यह नहीं जान सके थे कि वह वीर युवक कहाँ से आया है? अजमेर के ग्वाले से भी पूछताछ की गई थी, जिसने साँगा के विषय में अपने उद्‌गार इस प्रकार प्रकट किए—

''सरकार! वह युवक क्या था, परिश्रम का प्रतीक था। अकेले ही मेरे सारे कार्य करता था और किसी भी प्रकार की शिकायत भी न करता था। अपने प्रत्येक कार्य को इस लगन और निष्ठा से करता था कि मुझे आश्चर्य होता था और चिढ़

भी हो जाती थी। कोई कैसे बिना बात किए इस प्रकार श्रमशील रह सकता है? मेरी मति मारी गई थी, जो मैंने उसके मौनव्रत को तोड़ने की सौगंध ली और वह मेरे पास से चला गया। आज मेरा व्यापार अस्त-व्यस्त हुआ जा रहा है। उसके जैसा आदमी न कभी पहले मिला और न कभी मिलने की संभावना है। न जाने कहाँ से आया और कहाँ चला गया। अब मिल जाए तो उससे हाथ-जोड़कर क्षमा माँगूँ और नौकर नहीं, भाई की तरह अपने पास रखूँ।''

कहाँ से आया था, यह फिर भी न पता चला। राव कर्मचंद की उत्सुकता और बढ़ गई थी। उन्होंने साथी सैनिकों को आदेश दिया कि कुँवर सिंह के विषय में जानने की कोशिश करें, परंतु प्रयास सफल नहीं हुए।

अंततः राव कर्मचंद की उत्कंठा चरम पर पहुँच गई और उन्होंने एक दिन साँगा से इस विषय में स्वयं ही जानने का इरादा कर लिया। उन्होंने साँगा को अपने पास बुलाया और बड़े प्रेम से अपने पास बिठाया।

''महाराज, मेरे लिए क्या आदेश है?''

''कुँवर सिंह, तुम्हारे इस कथन से हमें उस जिन्न की कथा याद आती है, जो कभी विश्राम नहीं करता और प्रत्येक काम के पूर्ण होने पर कहता है कि 'क्या हुक्म है मेरे आका'! राव कर्मचंद विनोदपूर्ण स्वर में बोले, ''वास्तव में तुम्हारी निष्ठा का दूसरा उदाहरण मिलना कठिन है। ऐसी निष्ठा साधारण पुरुष में मिलना तो असंभव ही है, परंतु तुम अपने विषय में सबकुछ छुपाकर रखते हो।''

''महाराज! मेरे विषय में जानकर आप क्या करेंगे? उचित यही होगा कि जैसा चल रहा है, चलने दें। मेरी निष्ठा में कोई त्रुटि दिखाई दे तो आप कहें।''

''कुँवर सिंह, इस संसार में उत्सुकता ऐसी चीज है, जो जाग जाए तो शांति भी छीन लेती है। हमने आरंभ में अपने लाभ के लिए इस विषय को अपने हृदय में नहीं आने दिया, परंतु जैसे-जैसे तुम्हारा कार्य देखा और उससे प्राप्त लाभ देखा, हमारी उत्कंठा बढ़ती ही चली गई। आज स्थिति यह है कि हम सोते-जागते इसी विषय में सोचते रहते हैं। हमारी शांति भंग हो गई है। हम यह सोच-सोचकर परेशान हैं कि हमें प्रगति के इस पथ पर लाने वाले उस सत्पुरुष के रूप में कोई अवतार तो हमारे बीच नहीं आ गया, जिसे हम पहचान नहीं पा रहे हैं और जिसका हमें सदैव पश्चात्ताप रहेगा। अतः अब तुम हमारे धैर्य की परीक्षा न लो और हमें बताओ कि तुम किस राजकुल के वीर कुमार हो?

''नहीं कुँवर सिंह, अब नहीं।'' राव कर्मचंद विनयपूर्वक बोले, ''इसे तुम हमारा आदेश समझो या प्रार्थना। आज हम संकल्प कर चुके हैं कि तब तक भोजन

नहीं करेंगे, जब तक तुम हमें अपना परिचय न दे दोगे।''

''महाराज!'' साँगा आहत हो उठे।

''हाँ कुँवर सिंह, यह हमारा प्रण है। हाँ, यह वचन हम भी देते हैं कि यदि तुम नहीं चाहोगे तो हम तुम्हारा परिचय स्वयं ही सीमित रखेंगे।''

''महाराज, आपने मुझे विवश कर दिया है।'' साँगा ने कहा, ''मेरा परिचय जानकर आपको आश्चर्य होगा, परंतु आप मुझे वचन दें कि आपकी सेवा में मुझे उसी प्रकार रहने का अवसर मिलेगा, जैसा आज तक मिला है। आज आपने ऐसा संकल्प लेकर मेरे सेवकधर्म को संकट में डाल दिया। अतः अब मुझे अपना परिचय देना ही होगा। जिससे मेरे स्वामी को प्रसन्नता हो।''

राव कर्मचंद उत्सुकता से सजग होकर बैठ गए।

''महाराज, मैं राजपूताने की सबसे महान् रियासत मेवाड़ के महाराणा कुंभा का पौत्र, महाराणा रायमल का पुत्र... ।''

''कुँवर संग्राम सिंह!'' राव के होंठों से पहले ही अस्फुट स्वर निकल पड़े और वे अपने स्थान से उठ खड़े हुए, ''कुँवर साँगा, जिसकी तलवार ने किशोर आयु में ही राजपूताने में अपनी धाक जमा ली। अहा! मेरे सौभाग्य...पर कुमार, आप इस दशा में। मेवाड़ का राजपुत्र साधारण वेश में। एक तुच्छ से सैनिक के रूप में?''

''नियति ने मुझे इस दशा में पहुँचाया है महाराज, दुर्भाग्य ने मेवाड़ की परीक्षा ली और एक उच्च कुल में वैमनस्य की आग भड़का दी।'' कुँवर साँगा के स्वर में वेदना सम्मिलित हो गई, ''जिन भाइयों को मैंने सदैव सम्मान दिया और उनसे स्नेह की आशंका की, उन्होंने ही मुझे मेरी जन्मभूमि से दूर कर दिया।''

''कुमार, हमने तो सुना था कि कुँवर साँगा को आखेट करते समय किसी हिंसक जानवर ने अपना आहार बना लिया है।''

''महाराज, इस भूमि पर ऐसा कोई हिंसक जानवर नहीं जन्मा, जो मेरी तलवार के होते मेरे शरीर को खरोंच भी लगा सके। अवश्य ही मेवाड़ के सम्मान को बचाने के लिए यह प्रचारित किया गया होगा।''

''वास्तव में क्या हुआ था, कुमार संग्राम सिंह?''

कुँवर साँगा ने आहत स्वर में सविस्तार सारी बातें बताईं।

''आह! इतनी हृदयहीनता! इतना बड़ा षड्यंत्र! एक वीर पुत्र को छल से इस दशा में पहुँचा दिया। कुमार, आज तक तुम एक सैनिक के रूप में थे और जाने-अनजाने में हमसे कोई भूल हो गई हो तो हमें क्षमा करना। अब तुम्हें किसी प्रकार का कष्ट उठाने की आवश्यकता नहीं। हम मेवाड़ के ऋणी हैं, तुम्हारे भी

और इस ऋण को उतारने के लिए हम तुमसे एक प्रार्थना कर रहे हैं। हमारी यह प्रार्थना स्वीकार कर लीजिए।''

''आप हमें आज्ञा करें महाराज, हमने पहले ही कहा था, हमारा परिचय जानने के बाद भी हमें आपकी सेवा में रहने का अवसर चाहिए।''

''कुमार! यदि मेरे आदेश से ही आप मुझे उऋण करते हैं तो मैं अपने सैनिक कुँवर सिंह को आदेश देता हूँ कि वह श्रीनगर की राजकुमारी से विवाह करे। यह विवाह अतिशीघ्र संपन्न होना चाहिए, यही हमारा आदेश है।''

कुँवर साँगा की आँखें छलछला उठीं। राव कर्मचंद ने उन्हें अपनी भुजाओं में भर लिया और पीठ थपथपाकर सांत्वना देने लगे।

□

कुँवर जयमल का अंत

बदनोर के सरदार राव सुरतान को एक गुप्तचर ने यह सूचना दे दी की कि राजकुमारी के राजसी उद्यान में एक अपरिचित युवक ने सुरक्षा व्यवस्था को धत्ता बताकर प्रवेश किया और अंदर जाकर राजकुमारी आदि कन्याओं से अभद्रता करके भाग गया। इतना सुनते ही राव सुरतान के नेत्र क्रोध से जल उठे और वह काँपता हुआ उठ खड़ा हुआ।

"इतना दुस्साहस! किसने किया?"

"ज्ञात नहीं हो सका महाराज! वह किसी राज्य का राजकुमार लगता था। उसके साथ कई और सशस्त्र सैनिक थे। उन्हीं सशस्त्र सैनिकों ने उद्यान प्रहरियों को कुछ समय के लिए बंदी बना लिया और वह राजकुमार सा दिखने वाला युवक उद्यान में प्रवेश कर गया।

"सरदार रतन सिंह!" राव सुरतान दहाड़ उठा, तो कुछ ही क्षण पश्चात् बदनोर का प्रमुख सुरक्षा सलाहकर रतन सिंह आशंकित होता हुआ उपस्थित हुआ।

"महाराज, क्या हुआ? आप...आप इतने क्रोध में?"

"सरदार रतन सिंह! हमने अपनी पुत्री तारा की सुरक्षा व्यवस्था के लिए आपको नियुक्त किया था। उसके लिए राजसी उद्यान में किसी प्रकार का कष्ट न हो, ऐसी सुदृढ व्यवस्था करने का दायित्व आपका था और आज एक अपरिचित, कुछ सैनिकों के साथ न केवल उद्यान में प्रवेश कर गया, अपितु हमारी पुत्री से अभद्रता भी की। बदनोर के सम्मान को कोई अँगूठा दिखा गया!"

"गुप्तचर! वह दुष्ट किधर गया है? महाराज, आप निश्चिंत रहें, उस दुस्साहसी का कटा सिर आपके चरणों में होगा, अन्यथा सरदार रतन सिंह आपको अपना मुख नहीं दिखाएगा।" रतन सिंह भी अत्यंत क्रोध में आ गया।

"हम उस दुष्ट का शीश अपने हाथों से काटेंगे रतन सिंह, अन्यथा हमारे हृदय

को शांति नहीं मिलेगी। चलो, शीघ्र चलो।'' राव सुरतान ने कहा।

तत्काल अपने अश्वों पर सवार होकर राव सुरतान, सरदार रतन सिंह और सैन्य सरदारों के साथ अश्वसेना चल पड़ी। रतन सिंह के आदेश पर अश्वारोही चारों दिशाओं को घेरते हुए शीघ्र ही एक सरोवर के निकट विश्राम करते जयमल और उनके सैनिकों को घेर लिया गया। जयमल के सैनिक उन सभी अश्वारोहियों को मारकर वहाँ से आगे बढ़ने का समर्थन कर रहे थे।

''कोई आवश्यकता नहीं।'' जयमल ने कहा, ''हम यहाँ प्रेम करने आए थे, युद्ध करने नहीं। राव सुरतान को आने दो, हमारा परिचय जानकर उनका क्रोध अवश्य ही दूर हो जाएगा।''

जयमल के सैनिक आश्वस्त नहीं थे, परंतु उनकी आज्ञा टाल भी नहीं सकते थे । कुछ देर बाद आगबबूला होता हुआ राव सुरतान भी आ गया।

''बदनोर के सरदार को मेवाड़ के भावी राजा जयमल सिंह का प्रणाम।''

राव सुरतान का क्रोध तो ऐसा लगा, जैसे कम हुआ था, परंतु सुरक्षा प्रमुख रतन सिंह की क्षमता पर प्रश्नचिह्न लगा था तो वह कैसे चुप रहता?

''तेरा दुस्साहस कैसे हुआ नराधम कि बदनोर की राजकुमारी से अभद्रता करे?''

''अपनी जिह्वा सँभाल!'' जयमल को एक सुरक्षा प्रमुख की यह गरमी असहनीय हो रही थी, ''जब दो राजा बात कर रहे हों तो सेवकों को बीच में बोलने की अभद्रता नहीं करनी चहिए।''

रतन सिंह तो पहले ही आपे से बाहर था, इस कथन पर उसके क्रोध ने अपनी सीमा पार कर ली। उसने अपना भाला निकालकर जयमल को लक्ष्य करके पूरे वेग से दे मारा। सबकुछ इतना क्षणिक हुआ कि किसी को कुछ कहने-सुनने या करने का अवसर नहीं मिला। भाले ने जयमल के सीने में अपना स्थान बनाया और आर-पार हो गया। जयमल एक तीव्र चीख और विस्फारित नेत्रों से घुटनों के बल जमीन पर टिका और कुछ देर स्थिर सा होकर आगे को लुढ़क गया। उसके साथी हतप्रभ थे। ऐसी आशंका तो उन्हें बराबर थी, परंतु इतनी त्वरित प्रतिक्रिया की नहीं।

''महाराज! आपका अपराधी आपके समक्ष शव बना पड़ा है।'' रतन सिंह ने फुफकारकर कहा, ''मेरी सुरक्षा व्यवस्था को बलपूर्वक भेदकर इस पापी ने अपनी मृत्यु पर हस्ताक्षर कर दिए थे।''

राव सुरतान अभी कुछ समझने की स्थिति में नहीं था। तभी वहाँ घोड़े पर सवार अपनी सखी-सेना के साथ बदहवास सी राजकुमारी तारा आ गई। उसने

विस्फारित नेत्रों से जयमल के मृत शरीर को देखा और घोड़े से कूद पड़ी।

"यह···यह आपने क्या किया पिताश्री! अकारण ही मेवाड़ से शत्रुता मोल ले ली। यह मेवाड़ के भावी राणा जयमल सिंह थे, जो मुझसे इकतरफा प्रेम करते थे और मेरी शर्त पूरी करने का वचन देकर मेवाड़ जा रहे थे। इन्होंने केवल यही तो अपराध किया था कि ये वर्जित उद्यान में प्रवेश कर गए। इनके अतिरिक्त इस राजपूताने में और कौन ऐसा सामर्थ्यवान था, जो अफगानों से टोडा को मुक्त करा सकता! ऐसे वीर पुरुष को आपने··· ।"

"मैंने नहीं···मैंने नहीं पुत्री!" राव सुरतान हड़बड़ा गया, "रतन सिंह ने··· ।"

राजकुमारी तारा की भृकुटि तन गई और उसने आन-ही-आन में अपनी तलवार निकालकर रतन सिंह का सिर घड़ से कलम कर दिया। थोड़ी ही देर में क्या से क्या हो गया था!

जब कुँवर जयमल की मृत्यु की सूचना कुंभलगढ़ पहुँची तो वहाँ हाहाकार मच गया।

महाराणा रायमल ने कुँवर की मृत्यु का समाचार सुना तो उनका कलेजा मुँह को आ गया। मेवाड़ पर यह कैसा वज्रपात हुआ था! जयमल बदनोर क्यों गया था? वहाँ जाकर उसने ऐसा क्या कर दिया था कि उसकी हत्या कर दी गई? मेवाड़ के सामने बदनोर के राजा सुरतान की क्या हस्ती थी? राणा कुल की दी हुई रियासत के सरदार ने इतना भी भय न माना कि मेवाड़ के उत्तराधिकरी को समाप्त कर दिया। महाराणा को इन प्रश्नों के उत्तर सूरजमल ने न दिए होते तो निश्चय ही उनकी तलवार म्यान से बाहर होती और बदनोर का विध्वंस हो जाता।"

"महाराज! कुमार जयमल ने राजपूती मर्यादा का उपहास उड़ाया था।" सूरजमल ने महाराणा को बताया, "वे अपने साथियों के साथ गुप्त रूप से बदनोर गए थे और वहाँ की राजकुमारी तारा का अपहरण करने का प्रयास कर रहे थे। राजपूत सरदार ऐसा कैसे सहन करता, युद्ध छिड़ गया और··· ।"

"जयमल ने ऐसा क्यों किया?" महाराणा आहत हो उठे, "यदि उसे तारा ही चाहिए थी तो हमसे कहता! राव सुलतान का क्या साहस था कि वह मेवाड़ के साथ वैवाहिक संबंध स्थापित करने से इनकार कर देता? वह तो ऐसा प्रसन्नता से करता।"

"यही तो मेरी समझ में नहीं आया महाराज! जयमल ने अवश्य ही कुमारी तारा की सुंदरता के चर्चे सुने होंगे और वह उस पर मोहित हो गया होगा। उसने समझा होगा कि अब वह मेवाड़ का उत्तराधिकारी है और उचित-अनुचित कुछ भी

करे, उसे कोई रोकने-टोकने वाला नहीं है।'' जयमल के प्रति सूरजमल के स्वर में सम्मान के भाव लुप्त होने लगे थे।

''संभवत: यही अहंकार ले डूबा उस मूर्ख को! वह भूल गया कि राजपूत अपनी मान-मर्यादा की रक्षा में मृत्यु से भी टकराने में संकोच नहीं करते। राव सुरतान की भी क्या गलती! यदि हम उसके स्थान पर होते तो हम भी यही करते। मेवाड़ का दुर्भाग्य, घोर दुर्भाग्य! ईश्वर ने न जाने किन कर्मों का दंड दिया है?''

''महाराज! सेना में रोष व्याप्त है। आपके आदेश भर की प्रतीक्षा है। बदनोर का कण-कण बिखेर दिया जाएगा।''

''उस कन्याहरण करनेवाले जयमल के लिए किसी की मान-मर्यादा को अपनी शक्ति के मद में चूर करने का प्रयास करनेवाले के लिए, नहीं कुमार सूरज। यह तो अनुचित होगा...मेवाड़ का अहंकार-प्रदर्शन होगा और अन्याय सिद्ध होगा।''

''मेरे लिए क्या आदेश है महाराज?''

''हमें इस समय एकांत चाहिए। अभी हम कोई निर्णय लेने की स्थिति में नहीं हैं। बड़ा ही अशुभ समय चल रहा है। मेवाड़ की शक्ति निरंतर क्षीण हो रही है।'' महाराणा का स्वर जैसे गहरे अंधकूप से आ रहा था, ''कहीं इस राजकुल का विनाशकाल तो नहीं चल रहा है? जाओ सूरज, इस समय हमें अकेला छोड़ दो।''

सूरजमल मुदित मन से वहाँ से चला गया।

□

पृथ्वीराज बदनोर में

पृथ्वीराज इन दिनों गोंडवाड के पर्वतीय क्षेत्र में था, जहाँ उसे जयमल की हत्या की सूचना मिली। एक बारगी तो उसके कलेजे को ठंडक पड़ गई कि विश्वासघाती जयमल को अपने किए का दंड मिल गया, लेकिन एक चिंता ने उसे भी घेर लिया। वह समझ रहा था कि इस सारे षड्यंत्र का सूत्रधार ज्ञानगुणी काका सूरजमल था, जिसने बड़ी चतुराई से मेवाड़ के सिंहासन पर अपनी पकड़ बना ली थी। तीनों राजकुमारों को उस मिठबोले ने एक-एक करके अपने रास्ते से हटा दिया था और अब मेवाड़ का उत्तराधिकारी कुँवर कल्याणमल था, जो अभी केवल ८ वर्ष का था और अन्य राजकुमार तो उससे भी छोटे थे। पृथ्वीराज कुमार ने सारी जानकारी प्राप्त कर ली थी। जयमल ने राजकुमारी तारा के चक्कर में अपने प्राण गँवाए थे, जबकि तारा को प्राप्त करना, उसके लिए कोई कठिन कार्य नहीं था। अवश्य कोई षड्यंत्र रचा गया होगा।

पृथ्वीराज ने इस विषय पर अपने विश्वस्त सलाहकारों से विचार-विमर्श किया।

''इसमें कोई संदेह नहीं कि यह सब काका सूरजमल का किया-धरा है।'' पृथ्वीराज गंभीर स्वर में बोला, ''उसने बड़ी चतुराई से मेवाड़ के सिंहासन को लगभग उत्तराधिकारी, सक्षम और सशक्त उत्तराधिकारी से वंचित कर दिया है। अब महाराणा भी इन आघात से अशक्त ही हो गए समझो।''

''राजकुमार! सूरजमल ने अपने षड्यंत्र से प्रयास अवश्य किया है, लेकिन वह पूरी तरह सफल नहीं कहा जा सकता।'' पृथ्वीराज के विश्वस्त सलाहकार सिंहाल ने कहा, ''अभी आप मेवाड़ के सक्षम और सशक्त उत्तराधिकारी हैं। साँगा के विषय में भी निश्चित नहीं कहा जा सकता कि वे मर चुके हैं। अत: सूरजमल का यह स्वप्न तो पूरा नहीं होगा।''

''मुझे तो मेरे पिता ने सदैव के लिए त्याग दिया।''

''वे उस समय क्रोध में थे और परिस्थिति भी ऐसी ही थी, तब उत्तराधिकारी का विकल्प जयमल था। आज यह प्रश्न विकट हो गया है। महाराणा मेवाड़ को संकट में नहीं छोड़ सकते। हमें जानने का प्रयास करना चाहिए कि अब उनके हृदय में क्या विचार बन रहे हैं?''

''यद्यपि मैंने अपराध किया था, किंतु उसका दंड भी तो पाया है। अपने राज्य के हित में दिन-रात अपने प्राणों की बाजी मैंने इसीलिए लगाई कि पिताश्री की नफरत में कमी आए, परंतु वहाँ तो सूरजमल जैसा कपटी बैठा है, इसलिए ऐसा होना कठिन है। वह अपनी मीठी बातों से पिताश्री को बहकाता रहा होगा।''

''राजकुमार! महाराणा बहुत अनुभवी हैं। वे देर-सवेर सूरजमल का चरित्र जान जाएँगे। आपको इस भय से अपने अधिकारों को नहीं भूलना चाहिए और न मेवाड़ को त्यागना चाहिए।''

''अब हमें क्या करना चाहिए?''

''पहले तो बदनोर से जयमल की हत्या का प्रतिशोध लेना चाहिए, जिससे मेवाड़ के लोगों में आपकी धाक जम जाए।''

''यह कार्य तो महाराणा को ही कर देना चाहिए था।''

''उनकी विवशता है। जयमल पर गंभीर आरोप है। एक शासक को बहुत कुछ सोचना पड़ता है। प्रजा में अवश्य रोष होगा, परंतु महाराणा ऐसा संदेश नहीं देना चाहेंगे कि मेवाड़ गलत प्रवृत्तियों का संरक्षक या समर्थक है। यदि हम जयमल की हत्या का प्रतिशोध लेते हैं तो यह एक व्यथित भाई, राजप्रेमी और वीर राजपूत का कार्य कहा जाएगा, जिसे मेवाड़ की प्रजा अवश्य पसंद करेगी।''

''विचार तो ठीक है, किंतु मुझे और गहराई से सोचना है। बदनोर का ध्वंस करना मुझे भी उचित नहीं लगता, क्योंकि जो कार्य पिताश्री ने नहीं किया, उसे मैं करूँ तो वे और भी क्रोधित हो सकते हैं। जयमल की हत्या का यह कारण मुझे जँच नहीं रहा। वह जानता था कि राजकुमारी तारा के विवाह की एक शर्त है। टोडा को अफगानों से मुक्त कराना तो वह इतना अविवेकी कदम कैसे उठा पाया? स्पष्ट है कि उसे भरमा दिया गया और यह कार्य काका के अतिरिक्त और कौन करेगा? हमें इस षड्यंत्र पर से परदा उठाकर, जयमल को निर्दोष सिद्ध करके पिताश्री को प्रसन्न करना होगा और इसके लिए राजकुमारी तारा से भेंट करनी होगी। वही बताएगी कि जयमल ने उससे कोई अभद्रता की भी या नहीं?''

''यह विचार ठीक रहेगा।'' दूसरे सलाहकार जन्ना ने सहमति जताई।

''फिर ठीक है। हम बदनोर चल रहे हैं।''

पृथ्वीराज ने अपने विश्वस्त साथियों को साथ लेकर बदनोर की ओर प्रस्थान किया और राव सुरतान से भेंट की। राव सुरतान ने उसका स्वागत किया और जयमल की आकस्मिक हत्या के लिए क्षमा माँगी।

''राजकुमार! हमसे बड़ा अपराध हुआ! परंतु हम ईश्वर को साक्षी मानकर सौगंध खाते हैं कि सबकुछ इतना शीघ्र हुआ कि सोचने का भी समय नहीं मिला। हमने मेवाड़ का नाम सुनते ही अपने क्रोध पर वश कर लिया था, लेकिन हमारा क्रोधी सरदार रतन सिंह इतना उग्र हो गया कि उसने अनर्थ कर डाला।'' राव सुरतान ने सारी बात बताई।

पृथ्वीराज को विश्वास हो गया कि इस षड्यंत्र के पीछे भी सूरजमल है।

''हमें इतना पश्चात्ताप हो रहा है कि हम मेवाड़ को मुँह दिखाने के भी योग्य नहीं हैं। हमने एक ऐसे वीर योद्धा को धोखा दिया, जो हमारे टोडा को अफगानों से मुक्त कराने का वचन दे चुका था।''

''राव साहब! जयमल पर आरोप है कि उसने आपकी पुत्री के साथ अभद्रता की और उसके हरण का प्रयास किया। इससे मेवाड़ की शान में बट्टा लग रहा है। राणाकुल को इस आरोप ने लज्जित कर दिया है। महाराणा को इस बात ने व्यथित कर दिया है।''

''यह मिथ्या आरोप है। हम स्वयं महाराणा के चरणों में जाकर इस अफवाह का खंडन करेंगे और मेवाड़ की शान को अक्षुण्ण बनाए रखेंगे।''

''और हम अपने भाई जयमल के लिए हुए वचन को पूरा करेंगे।'' पृथ्वीराज ने दृढता से कहा, आपके टोडा को अफगानों से मुक्त किया जाएगा और मेरे अनुज का वचन पूर्ण होगा।''

राव सुरतान ने प्रसन्नता से हाथ जोड़कर कृतज्ञता व्यक्त की।

''हम राजकुमारी तारा से भेंट करना चाहते हैं।'' पृथ्वीराज ने कहा, ''टोडा की मुक्ति उनका स्वप्न है। अत: मैं उन्हें आश्वासन देना चाहूँगा कि वीर जयमल का दिया हुआ वचन उसके साथ समाप्त नहीं हो गया, अपितु उसका भाई अपने प्राणों की बाजी लगाकर भी उसके वचन को पूरा करने के लिए प्रतिबद्ध है।''

''अवश्य राजकुमार पृथ्वीराज! हम अभी राजकुमारी से आपकी भेंट की व्यवस्था करते हैं।'' राव सुरतान ने प्रसन्नता से कहा।

पृथ्वीराज की भेंट राजकुमारी तारा से हुई तो एकबारगी तो उसके रूप-सौंदर्य को देखकर वह भी स्तंभित रह गए। ऐसी अनिंद्य सुंदरी उसने भी जीवन में नहीं

देखी थी। यदि जयमल उस रूप के दर्शन की लालसा में ऐसा कदम उठा गया तो यह स्वाभाविक ही था।

"राजकुमारीजी! मेरे भाई जयमल ने आपके प्रेम के वशीभूत होकर राजमर्यादा के विरुद्ध कदम उठाया, लेकिन मैं इसे प्रेमवश एक वीर राजकुमार द्वारा उठाया साहस भरा कदम मानता हूँ। क्षत्रिय कुमार प्रेम में ऐसा कर उठते हैं। दुर्भाग्य से दुर्घटना हुई और वे हमारे बीच नहीं रहे, परंतु उसने आपको जो वचन दिया था, वह आज भी है। उस वचन को मैं पूरा करूँगा।"

"राजकुमार, उस घटना का मुझे अत्यंत दुख है। मेरी आशा मेवाड़ के वीरों से ही थी। दुर्भाग्य से पूरी होते-होते रह गई, किंतु आज आपने पुनः मेरी निराशा को आशा में बदल दिया। मैं किस प्रकार आपका आभार व्यक्त करूँ। अब यदि आप मेरी एक प्रार्थना और स्वीकार करें तो आपकी अति कृपा होगी।"

"कहिए राजकुमारीजी!"

"जब आप टोडा अभियान पर जाएँ तो मुझे भी साथ ले चलें, जिससे मैं उन अफगानों को अपनी आँखों से मरता देख सकूँ और कुछ को अपने हाथों से मार सकूँ, जिससे मेरे पूर्वजों की आत्मा को शांति मिले।"

"अवश्य राजकुमारीजी, परंतु इसके लिए आपको अपने पिता से आज्ञा लेनी होगी।"

राजकुमारी तारा ने सहमति में सिर उठाया।

□

पृथ्वीराज की टोडा-विजय

राव सुरतान से मिलकर पृथ्वीराज वापस गोंडवाड़ आ गए और उसने टोडा पर आक्रमण की तैयारी शुरू कर दी। उसने अपने पाँच सौ राजपूत साथी तैयार किए और अस्त्र-शास्त्रों से सज्जित होकर चल पड़े। उसने अपने एक विश्वस्त साथी आभो को कुछ सैनिकों के साथ बदनोर भेज दिया, जहाँ से वीरबाला तारा सैनिक के वेश में अश्व पर सवार होकर अपने कुछ सैनिकों के साथ पृथ्वीराज की सेना में आ मिली। सैनिक वेश में तारा का रूप-लावण्य और भी निखर आया था। क्षत्रिय कुमारी के कंधे पर धनुष, तरकश, तलवार और अश्व की पीठ पर भी अनेक शस्त्रों से भरी पेटी लटक रही थी। पृथ्वीराज उसे देखता ही रह गए और तारा ने लजाकर नेत्र झुका लिये।

वह राजपूत दल टोडा की ओर चल दिया। पृथ्वीराज के नेतृत्व में कुछ दिन की यात्रा के पश्चात् जब यह दल टोडा पहुँचा तो उस दिन मुहर्रम का त्योहार था। टोडा में भी इस उत्सव की धूम थी। जगह-जगह ताजिए निकाले जा रहे थे। मुख्य ताजिया टोडा के अफगान सरदार केभव्य महल के चौक पर था, जहाँ हजारों की भीड़ थी। पृथ्वीराज ने इस अवसर का लाभ उठाया और अपने सैनिक भीड़ में इधर-उधर घुसा दिए। जब अफगान सरदार अपने महल से बाहर आया तो उसने राजपूत सैनिकों को पहचान लिया।

"खबरदार! दुश्मन आ गया।" सरदार चीखकर वापस महल की ओर भागा तो वीरबाला तारा ने विद्युत् जैसी चपलता से अपने धनुष पर तीक्ष्ण बाण चढ़ाकर उसे लक्ष्य बनाया। बाण ने अफगान सरदार की खोपड़ी के पिछले भाग में स्थान बनाया और वह एक चीख के साथ धराशायी हो गया, फिर तो जैसे तूफान ही आ गया। राजपूत सैनिक टूट पड़े और मार-काट मच गई। अफगान सैनिक भी आ गए थे, लेकिन व्यवस्थित और योजनाबद्ध राजपूत आक्रमण के सामने उनकी एक

न चल पा रही थी। पृथ्वीराज की तलवार जैसे साक्षात् कालरूप ही बन गई थी। तारा की तलवार भी कहर ढा रही थी। उस वीरांगना का तमतमाया मुख और भिंचे जबड़े उसके प्रतिशोध की कहानी कह रहे थे।

कुछ ही घंटों के युद्ध में अफगानों की पराजय हो गई। अधिकतर अफगान सैनिक मारे गए और कुछ ने भागकर अपने प्राण बचाए। टोडा पर राजपूतों का अधिकार हो गया। तारा का स्वप्न साकार हो गया। उसके पूर्वजों की रियासत अफगानों से मुक्त हो गई।

विजयी पृथ्वीराज ने गर्व से राजकुमारी तारा को देखा।

''राजकुमारीजी, विजय की बधाई स्वीकार करें।'' पृथ्वीराज ने कहा।

''कुमार, यह विजय आपके पराक्रम की है। आपकी प्रलयंकारी तलवार ने ही अफगानों के साहस को तोड़ा है।'' तारा ने कहा।

''नहीं राजकुमारीजी! विजय का श्रेय आपके उस तीर को जाता है, जिसने भाग रहे अफगान सरदार को धराशायी कर दिया। क्या अचूक लक्ष्यभेदन था! ऐसा कुशल बाण-संचालन हमने पहले कभी नहीं देखा।''

''कुमार, कुछ भी हो, टोडा की स्वतंत्रता आपकी देन है। मैंने संकल्प किया था कि जो भी वीर पुरुष टोडा का उद्धार करेगा, वही मेरा जीवनसाथी बनेगा। आपने मेरा स्वप्न पूरा करके जो उपकार किया है, अब मेरे संकल्प को पूरा करके मुझे अपने चरणों में स्थान दें।''

इतना कहकर राजकुमारी तारा ने अश्व की पीठ पर रखी पेटी खोली और उसमें से एक हार निकालकर राजकुमार पृथ्वीराज के गले में डाल दिया।

''राजकुमारीजी! आप···आप···।''

''तारा कहिए स्वामी! अब मैं मन-वचन से आपको समर्पित हो गई।''

''त···त···तारा!'' पृथ्वीराज ने उस अतुल रूपराशि को निहारकर कहा, ''मैं बड़ा भाग्यशाली हूँ, जो तुम जैसी वीर कन्या और अनिंद्य सुंदरी के प्रेम का पात्र बना, परंतु मैं इस विवाह को अपने पिता की इच्छा से ही स्वीकृति दे सकता हूँ। मेरे एक अपराध ने पहले ही मुझे इतने कष्ट दिए हैं। अब मैं अपने पिता को और दुःख नहीं देना चाहता।''

''अवश्य स्वामी, मैं शीघ्र ही अपने पिता को मेवाड़ भेजकर राजपूती विधान से इस विवाह को संपन्न कराऊँगी। यदि किसी कारणवश मेवाड़ मुझे स्वीकार नहीं भी करता तो मैं वचन देती हूँ कि आप इस बंधन से मुक्त होंगे और मैं सदैव आपके चरणों की ही दासी रहूँगी।''

"तुम धन्य हो तारा! रूप, वीरता और साहस के साथ बुद्धि का संगम दुर्लभ ही होता है। ईश्वर तुम्हारी सभी मनोकामना पूरी करेगा।"

इसके पश्चात् पृथ्वीराज ने बड़ी कुशलता के साथ टोडा की शासन-व्यवस्था सुदृढ की। टोडा में राजपूत सेनाओं का गठन किया गया और हजारों राजपूत युवाओं को राजपूत सेना में सम्मिलित किया गया।

□

साँगा के विरुद्ध गुप्त योजना

कुँवर साँगा अब साधारण सैनिक न रह गए थे। राव कर्मचंद ने अपनी पुत्री का विवाह उनसे कर दिया था और अब वे एक भव्य महल में अपनी पत्नी के साथ रहते थे। राजकार्यों में उनकी भूमिका बढ़ गई थी और व्यस्तता भी। अपने कर्तव्य के प्रति सजग रहने वाले साँगा श्रीनगर के सैनिकों के लिए उदाहरण बन गए थे और उनकी प्रेरणा से सेना में उत्साह भी रहता था। कई बार उनके साथी सैनिक उनके इस उत्थान पर आश्चर्यचकित रह जाते थे कि कैसे एक साधारण सैनिक अपने पराक्रम और निष्ठा से राजा का जामाता बन गया था। अभी राव कर्मचंद, उनकी महारानी और साँगा की पत्नी के अतिरिक्त कोई नहीं जानता था कि वे मेवाड़ के राजकुमार संग्राम सिंह हैं।

सदैव से जैसा कि राजशाही में होता आया है कि किसी की प्रगति किसी-न-किसी को सीमा से अधिक अखरने लगती है। श्रीनगर के सेनापति और कुछ अन्य सरदारों को कुँवर साँगा का यह राजनीतिक उत्थान काँटे की तरह चुभने लगा था। एक साधारण सैनिक, एक आँख से विहीन युवक राव कर्मचंद का इतना विश्वास और अनुराग उन्हें विचलित कर रहा था।

''कैसी विडंबना है कि हम महाराज की सेवा में वर्षों से लगे हुए हैं और वह अर्द्धनेत्र सैनिक हमारे देखते-ही-देखते हमें आदेश देने वाला बन गया। अब हम अपने पदों पर अवश्य हैं, यह भी एक जीवन है।'' सेनापति हताशा से बोला।

''भाग्य प्रबल हो तो रंक भी राजा बन जाता है। उस कुँवर सिंह ने श्रीनगर का कायाकल्प तो अवश्य ही किया है, परंतु इतना बड़ा पुरस्कार मिला, इसका तो हमें बहुत आश्चर्य है। राजकुमारी बालकुँवर इतनी सुंदर हैं, फिर भी महाराज ने उनका विवाह उस एक नेत्र विहीन से कर दिया।''

''आश्चर्य तो यह कि महाराज की बुद्धि पर भ्रम का परदा पड़ा तो पड़ा,

अन्य किसी ने भी इसका विरोध न किया। राजकुमार अपनी बहन को कितना स्नेह करते थे और जब उनका विवाह एकनेत्री युवक से कर दिया गया तो कैसे प्रसन्न दिखाई देते थे, जैसे कामदेव उनका बहनोई बन गया हो।''

''मुझे तो इस बात में कोई भेद लगता है कि यह कुँवर सिंह वास्तव में कोई ऐसा राजपुत्र है, जिससे वैवाहिक संबंध स्थापित करने में राव कर्मचंद को अपना सम्मान बढ़ता दिखाई दिया है।''

''इन सब बातों से हमें क्या लेना?'' सेनापति खीझकर बोला, ''हमारी समस्या तो अपदस्थ होने की है। हम अब अपने पदों पर नाममात्र को रह गए हैं और यही स्थिति रही तो एक दिन हमारी आवश्यकता समाप्त हो जाएगी। हो सकता है कि हमें साधारण सैनिक ही बना दिया जाए।''

''इसमें हम कर भी क्या सकते हैं? जिस व्यक्ति की शारीरिक अपूर्णता को जानकर महाराज ने उसे अपनी पुत्री दे दी, वह साधारण तो नहीं है। उसका बल और बुद्धि हम देख ही चुके हैं। यदि अब हम उसके विरुद्ध चलते हैं तो जो हमारे पास अब है, वह भी न रहेगा। ऐसी मूर्खता क्यों की जाए?''

''तो प्रतीक्षा कीजिए कि एक दिन हम लोगों को सेवा से निवृत्त कर दिया जाए और वह कुँवर सिंह इस श्रीनगर का स्वामी बन जाए ।''

''ऐसा होना कैसे संभव है? श्रीनगर के दो उत्तराधिकारी हैं। अभी तो महाराज ही हैं और उनके दो पुत्र भी हैं। उनके होते श्रीनगर का शासक कुँवर सिंह क्यों?''

''ऐसे बुद्धिमान और वीर शक्ति की महत्त्वाकांक्षाएँ साधारण नहीं होतीं। जो एक ग्वाले के नौकर से एक राज्य का जामाता बन गया, वह क्या महत्त्वाकांक्षा नहीं पालता होगा? देख लेना, एक दिन वह कुँवर सिंह ही इस रियासत का राजा होगा।''

''यह व्यर्थ का विचार है। हाँ, यह सही है कि उसके बढ़ते प्रभाव से हमारा सम्मान अवश्य कम होता जाएगा। इस विषय में कुछ सोचने की आवश्यकता है।''

''इसका एक उपाय तो मेरी समझ में आ रहा है।'' एक सरदार ने कहा, ''जहाँ तक मैं समझता हूँ कि यह कुँवर सिंह अपना वास्तविक परिचय दो कारणों से छुपा सकता है। एक तो यह कि उसे किसी से प्राणों का भय है। अब हमें यही पता लगाना चाहिए कि वास्तविकता क्या है? देख लेना, इसकी पोल खुलते ही यह यहाँ से भाग खड़ा होगा और हम निश्चिंत हो जाएँगे।''

''इतने बड़े देश में यह पता लगाना बड़ा कठिन होगा।''

''असंभव तो नहीं होगा। प्रयास किया जाए तो सफलता मिल सकती है।''

''उचित है। दिशा में प्रयास करने चाहिए। अपने विश्वस्त गुप्तचरों को

राजपूताने में भेजते हैं, जिससे अवश्य ही कुछ पता चलेगा।''

''गुप्तचरों को इसका हुलिया ठीक से पता हो या हमें किसी चित्रकार से इसका चित्र बनवा लेना चाहिए। यह सबसे उचित रहेगा।''

''और यदि यह किसी राज्य का अपराधी निकले तो तत्काल उस राजा को हम सूचना देंगे। कुछ पुरस्कार भी मिल सकता है और हमारा मनोरथ भी सिद्ध होगा।''

''और यदि किसी का परम शत्रु हुआ तो हमें ही लाभ होगा।''

सबने मिलकर यह योजना बना ली कि कुँवर सिंह की वास्तविकता जान ली जाए। सेनापति को इस योजना का सूत्रधार कहा जाए तो गलत न होगा, क्योंकि सबसे अधिक वही कुँवर सिंह से ईर्ष्या रख रहा था। सबने मिलकर विश्वस्त गुप्तचरों का एक दल तैयार कर लिया।

□

पृथ्वीराज के विवाह की अनुमति

राव सुरतान को टोडा की विजय का शुभ समाचार मिला तो वह प्रसन्नता से झूम उठा। बदनोर में उत्सव मनाया जाने लगा। जिस टोडा में राव सुरतान के भाई श्याम सिंह का शासन रहा था, वह बहुत समय तक अफगानों के अधीन रहा था और अब जाकर स्वतंत्र हुआ था। राव सुरतान को इससे भी बड़ी प्रसन्नता इस बात को लेकर थी कि उसकी पुत्री को मेवाड़ राजघराने की पुत्रवधू बनने का अवसर प्राप्त हुआ। राव सुरतान उसी समय अपने विश्वस्त सरदारों के साथ चित्तौड़ चल पड़ा था। उसे एक तो मृतक जयमल के चरित्र पर लगे मिथ्या कलंक को मिटाकर महाराणा से अपनी गलती की क्षमा माँगनी थी तथा दूसरे पृथ्वीराज और तारा के विवाह की बात भी करनी थी।

चित्तौड़ पहुँचने पर राव सुरतान को विचित्र सी संकटपूर्ण स्थिति का सामना करना पड़ा। राजमहल पहुँचने से पहले ही किसी ने यह खबर फैला दी कि मेवाड़ के राजकुमार जयमल का हत्यारा आ गया। निश्चय ही यह कार्य सूरजमल का ही था, जो राव सुरतान के आने से घबरा गया था, क्योंकि वह सत्य को सामने नहीं आने देना चाहता था। इस समाचार ने प्रजा को भड़का दिया और राव सुरतान के दल को भीड़ ने घेर लिया। उग्र भीड़ कुछ भी करने पर उतारू थी। इससे राव सुरतान भयभीत हो गया। उसे लगा कि उसने वहाँ आकर गलती कर दी। इससे पहले कि भीड़ की उग्रता बढ़ती, वहाँ महाराणा रायमल का आदेश गूँज उठा।

"सुनो–सुनो! महाराणा का आदेश है कि आगंतुकों को किसी प्रकार की हानि न पहुँचाई जाए। जिसने भी राजाज्ञा का उल्लंघन किया, वह महाराणा के क्रोध का सामना करेगा। आगंतुक राव सुरतान इस समय मेवाड़ के अतिथि समान हैं।"

राव सुरतान के प्राण वापस लौटे और सूरजमल की चिंता बढ़ गई। अब उसे अपना भेद खुलने से रोकना था और यह काम बातें बनाकर भी किया जा सकता

था। वह तत्काल राजमहल पहुँच गया और महाराणा से मिला। महाराणा ने उससे बाहर की स्थिति जानी।

"महाराज, मैं तो राव सुरतान के चित्तौड़ में प्रवेश करते ही शंकित हो उठा था कि कहीं प्रजा उग्र न हो जाए और वही हुआ। यदि आपका आदेश न जाता तो मेवाड़ के माथे पर शरणागत की हत्या का कलंक लग जाता।"

"शरणागत!"

"हाँ महाराज, राव सुरतान अपने अपराध की क्षमा माँगने ही यहाँ आ रहे हैं। हो सकता है कि उनके पास कोई और भी विषय हो।"

"हूँ ऽऽऽ। उन्हें सम्मान सहित हमारे पास लाया जाए।"

सूरजमल चाहता था कि वह उस वार्त्तालाप का साक्षी रहे और बात को बिगड़ता देखकर अपनी सफाई में कुछ कहे। वह राजमहल के मुख्य द्वार पर आ गया, जहाँ से राव सुरतान को लेकर महाराणा के पास आया। राव ने आते ही महाराणा के चरण पकड़ लिये।

"महाराणाजी! मुझ अपराधी को क्षमा करें। ऐसी गलतफहमी के कारण कुमार जयमल आज हमारे बीच नहीं रहे। मैं तुच्छ सा सरदार, जो आपकी दी हुई रियासत में जीवन निर्वाह करता हूँ, आज आपके सामने नत होकर किसी भी दंड के लिए सहर्ष तैयार हूँ।" राव सुरतान ने कहा।

"उठो सरदार, तुम वीर राजपूत हो, तुमने क्षत्रिय पिता होने का कर्तव्य निभाया है। हमें तुम पर गर्व है। क्षमाप्रार्थी तो हमें होना चाहिए, जो हमारे कुलकलंकी पुत्र ने आपकी पुत्री के साथ…।"

"नहीं महाराज! यह मिथ्या है! पूर्ण असत्य है! कुमार जयमल ने ऐसा कुछ भी नहीं किया और यह उन पर आरोप किसने लगाया, मैं नहीं जानता। सत्य यह है कि कुमार जयमल ने वीरोचित ढंग से मेरी पुत्री से प्रेम-निवेदन किया और विवाह का प्रस्ताव रखा। मेरी पुत्री के शर्त के विषय में आप भी जानते हैं। कुमार ने उस शर्त को पूरा करने का वचन दिया और वे मेवाड़ की ओर लौटने लगे। मुझे भी ऐसी आकस्मिक और मिथ्या सूचना मिली थी तो मेरा क्रोध जाग गया। यद्यपि जब मैं कुमार का परिचय प्राप्त कर चुका तो मेरा क्रोध शांत हो गया, परंतु मेरे साथी सरदार रतन सिंह ने अविवेकी होकर बिना किसी को अवसर दिए कुँवर पर प्रहार कर दिया।"

"अर्थात्…अर्थात् हमारा पुत्र निर्दोष ही मारा गया। सूरजमल, हम यह क्या सुन रहे हैं?" महाराणा आश्चर्य से बोले।

"महाराज, हमें ऐसी ही सूचना मिली थी। कुँवर के साथियों में से एक ने

यही सूचना दी थी।'' सूरजमल संतुलित स्वर में बोला, ''किंतु अब प्रतीत होता है कि उन लोगों ने मिथ्या सूचना देकर हमें भ्रमित किया।''

''क्यों? उन्हें इससे क्या लाभ था?''

''यह तो वही जानें, मैं उन्हें शीघ्र ही आपके समक्ष प्रस्तुत करूँगा।''

''कहीं इसमें पृथ्वीराज का तो दोष नहीं?''

''हो सकता है।'' सूरजमल ने बात लपकनी चाही।

''कदापि नहीं महाराज!'' राव सुरतान ने दृढता से कहा, ''कुमार पृथ्वीराज ने तो वह किया, जो मेवाड़ की शान के अनुरूप है। उन्होंने अपने अनुज द्वारा मेरी पुत्री को दिए वचन को पूर्ण करने का बीड़ा उठाया और टोडा को अफगानों से मुक्त करके समस्त राजपूतों का गौरव बढ़ा दिया। उन्होंने अपने अनुज के प्रेम की वचनबद्धता को रखते हुए अपना भ्रातृदायित्व निभाया है।''

महाराणा रायमल को एक विचित्र सी प्रसन्नता का अनुभव हुआ। सूरजमल के लिए यह सूचना नई थी। वह चिंतित हो उठा।

''महाराज, मेरी पुत्री ने संकल्प लिया था कि जो वीर टोडा का उद्धार करेगा, वह उसी को वरण करेगी। कुमार जयमल ने वचन दिया, दुर्भाग्य आड़े आ गया, किंतु कुमार पृथ्वीराज ने अपने कुल के वचन का निर्वाह किया। अब वे तारा से विवाह के लिए आपसे आज्ञा चाहते हैं।''

''मु···मुझसे।'' राणा बड़बड़ाए, ''पृथ्वी इतना आज्ञाकारी, इतना कुलसेवक!''

''महाराज, कई बार नासमझी में या किसी बहकावे में आकर किशोर आयु में गलती हो जाए और व्यक्ति उसका प्रायश्चित्त कर ले तो फिर उसे क्षमा किया जा सकता है। मेवाड़ वैसे ही उत्तराधिकार के संकट से जूझ रहा है। आप वृद्धावस्था के द्वार पर खड़े हैं। ऐसे में मेवाड़ के भविष्य का क्या होगा?''

''तुम संभवतः सत्य कह रहे हो सरदार!'' महाराणा ने कहा तो सूरजमल सन्न रह गया। ''जब कुसमय आता है तो बड़े-बड़े विद्वान् भी अविवेकी हो जाते हैं। पृथ्वी तो उस समय किशोरवय ही था। उसे अपने अपराध का दंड मिल गया, परंतु मेवाड़ का तो कोई अपराध नहीं? उसे तो योग्य उत्तराधिकारी चाहिए। अब हमारे पास विकल्प भी नहीं है।''

''महाराज! कुमार पृथ्वीराज ने अपने अपराध के प्रायश्चित्त के लिए अपना जीवन राजहित में लगा दिया। गोंडवाड को भयमुक्त किया। देसरी पर मेवाड़ का अधिकार कराया और टोडा को राजपूती साम्राज्य में मिलाया। उनकी वीरता अद्वितीय है।''

"कुमार सूरजमल! तुम्हारा क्या कहना है?" महाराणा ने पूछा।

"महाराज, राव सुरतान का कहना सत्य है। इस समय मेवाड़ का हित इसी में है कि इसका योग्य उत्तराधिकारी घोषित किया जाए। कुमार पृथ्वी ने जो भी किया, उसका दंड वे भुगत चुके हैं। उन्होंने मेवाड़ के हित मे प्राणों की बाजी लगाई है। अतः क्षमा योग्य हैं।"

"हमारा भी यही विचार है। जो हो गया, उसे भूलकर मेवाड़ के हित में निर्णय करना ही उचित है। सरदार, हमारी ओर से राजकुमार पृथ्वी और ताराबाई के विवाह की अनुमति है। जो बीत गया उसे भुला दो।" महाराणा ने निर्णय लिया।

"आप महान् हैं महाराणा!" राव सुरतान ने प्रसन्नता भरे स्वर में कहा, "मुझ तुच्छ सरदार को ऐसा सम्मान देकर आपने अपना ऋणी बना लिया। मेरा जीवन धन्य हो गया।"

"विवाह की तैयारियाँ करो सरदार! अब मेवाड़ अपने निश्चय के बल पर इन अनहोनियों से बाहर आने को तैयार है। बहुत हो चुका कष्ट सहना। बहुत हो चुके दुर्भाग्य के प्रहार! हो सकता है कि राजकुमारी तारा के शुभागमन से ही इस राजमहल में खुशियाँ लौटें?"

राव सुल्तान ने आँखों में अश्रु भरकर प्रसन्नता प्रदर्शित की।

"सूरजमल, मेवाड़ के उत्तराधिकारी की घोषणा करने की व्यवस्था करो। कुमार पृथ्वीराज के शुभ विवाह के अवसर पर सभी सरदारों और नरेशों को निमंत्रण भेजो, तभी हम यह घोषणा कर देंगे।"

"जो आज्ञा महाराज!" सूरजमल ने तत्परता से कहा। उसकी आँखों में ऐसी प्रसन्नता तैर रही थी, जैसे वह समाचार उसके लिए बहुप्रतीक्षित था, परंतु वही जानता था कि उसके हृदय में कैसी आग लग गई थी। इस स्थिति में उसका मन फूट-फूटकर रोने को कर रहा था। पिछले पाँच वर्ष से वह जिस उद्देश्य के लिए पासे-पर-पासे फेंक रहा था, वह अंत में उसी मोड़ पर आ गया था, जहाँ से चला था। इसे दुर्भाग्य की गति ही कह सकते हैं।

"अब मुझे आज्ञा दीजिए महाराणाजी!" राव सुरतान ने कहा।

"सरदार, यह विवाह इतनी धूमधाम से होना चाहिए कि इसकी चमक में मेवाड़ के पिछले पाँच वर्ष के सब कष्ट विलीन हो जाएँ।"

"ऐसा ही होगा महाराणाजी।"

राव सुरतान प्रसन्न होकर गए और सूरजमल को दुःखी कर गए। उस पर उसकी समस्त योजनाओं पर जैसे वज्र प्रहार हो गया था।

''सूरजमल! अब हम किसी विवाद में नहीं पड़ना चाहते। राजकुमार पृथ्वी ने अफगानों को परास्त करके मेवाड़ की नई शक्ति का संकेत दे दिया है। अपने दूत भेजकर कुमार को चित्तौड़ आने का आदेश पहुँचाओ। उसके आने पर उसका भव्य स्वागत किया जाए।''

''जो आज्ञा महाराज, अब मेवाड़ में फिर से उत्सव होंगे।''

''माता चारणी ने अनुकंपा की है।''

महाराणा के इस आदेश से सूरजमल को कितने ही भय सता रहे थे।

□

मेवाड़ की नवीन स्थिति पर चिंतन

राव कर्मचंद ने साँगा के कहने पर मेवाड़ की वर्तमान जानकारी लेने के लिए दो गुप्तचर चित्तौड़ भेजे, जो कुछ दिनों के पश्चात् वापस लौटे।

उन्हीं गुप्तचरों के द्वारा कुँवर साँगा को सारे घटनाक्रम का पता चला। उन्हें ज्ञात हुआ कि वहाँ आज भी मेवाड़ की जनता अपने प्रिय राजकुमार को याद करती है। यह भी पता चला कि वहाँ उन्हें किसी हिंसक जानवर द्वारा शिकार हो गया मान लिया गया है। इसके पश्चात् जयमल की हत्या से लेकर पृथ्वीराज के शुभ विवाह और उत्तराधिकारी की घोषणा के विषय में भी गुप्तचरों ने बताया।

कुँवर साँगा ने गुप्तचरों को पुरस्कार देकर भेज दिया।

''समय का कुछ भी पता नहीं, जाने किस करवट ऊँट बैठे।'' राव कर्मचंद ने गंभीर स्वर में कहा, ''कहाँ तो पृथ्वीराज को देशनिकाला की सजा दी गई थी और कहाँ अब वही मेवाड़ का महाराणा बनने जा रहा है।''

''इसमें कुछ भी अनुचित नहीं महाराज, मेवाड़ का महाराणा तो उन्हें बनना ही था। दुर्भाग्य ने उसके मस्तक पर एक अमिट कलंक लगा दिया। मैंने उनसे हजार बार कहा था कि वही मेवाड़ के युवराज हैं और वही महाराणा बनेंगे, परंतु उनको तो माता चारणी की भविष्यवाणी ने भ्रमित कर दिया था। अब तो मुझे प्रतीत होता है कि जिस समय माता चारणी ने भविष्यवाणी की थी, उस समय वह पुजारिन किसी के आदेश पर, संभवतः जयमल के आदेश पर नाटक कर रही थी। उसने हम दोनों भाइयों को लड़ाकर ऐसी परिस्थिति उत्पन्न की कि जयमल के मार्ग के दोनों काँटे एक ही चाल में अलग निकल गए।''

''तुम्हारा सोचना ठीक हो सकता है। राजवंशों में ऐसे षड्यंत्र बहुधा देखने को मिले हैं। सत्ता का लोभ बड़ा बुरा होता है।''

''अब जो हुआ, उस पर विचार कैसा! जयमल ने जैसा बोया, वैसा काटा।

उसे दंड मिल गया और भ्राता पृथ्वीराज को उनका अधिकार।''

''और कुँवर संग्राम को! तुम्हें क्या मिला, केवल गुमनामी का जीवन। क्या मेवाड़ पर तुम्हारा अधिकार न था? महाराणा न सही, किंतु हिस्सेदार तो तुम भी थे।''

''मुझे भाग्य ने आप जैसा स्नेही संरक्षक दे दिया, यही मेरे लिए बहुत है।''

''वीर पुरुष को ऐसा कहना शोभा नहीं देता। अपने अधिकार से वंचित होने पर राजपूत इस प्रकार विरक्त नहीं हो जाता।''

''परंतु जो अधिकार ऐसी अतंर्कलह उत्पन्न करे, जिससे माता की कोख भी लज्जित होने लगे, कुल का मान कम हो जाए तो ऐसे अधिकार को भूल जाना ही श्रेयस्कर है। धन और सत्ता के लिए यह मुझे कतई स्वीकार नहीं।''

''तुम महान् आत्मा हो कुँवर, साधारण मनुष्य इतनी ही मूढ़ बात सोच भी नही सकता। मेरा तो विश्वास है कि माता चारणी ने जो भविष्यवाणी की, वह एक अवश्य ही सत्य सिद्ध होगी। मेवाड़ का महाराणा कोई तुम जैसा वीर, धीर गंभीर और सत्पुरुष ही होना चाहिए। आज जबकि भारतवर्ष में अफगानों, तुर्कों और अन्य कई विदेशी शासकों ने जड़ें जमा ली हैं, अब हमें किसी ऐसे राजपूत नेतृत्व की आवश्यकता है, जो आर्य शासन की पुनर्स्थापना कर सके।''

''आप बहुत विशाल स्वप्न देख रहे हैं महाराज, आज राजपूतों की आपसी कलह, द्वेष और षड्यंत्रों ने आर्य शक्ति को छिन्न-भिन्न कर दिया है। आज तनिक से द्वेष से राजपूत सरदार आपस में लड़ते-मरते हैं और अफगानों की शरण में चले जाते हैं। इससे विदेशी शक्तियों को राजपूती शक्ति की कमजोरी का पता चल गया है और वे इसी का लाभ उठाते हैं।''

''कुँवर, यह सब कुशल नेतृत्व के अभाव के कारण ही तो है। मेवाड़ शक्ति का केंद्र है और एकमात्र ऐसा साम्राज्य है, जो राजपूतों को कुशल नेतृत्व दे सकता है। इसमें भी यह संभावना कुँवर संग्राम सिंह में ही दिखाई देती है, अन्य किसी में नहीं।''

''महाराज, इतनी बड़ी संभावना आप मुझमें न देखें। मैं अपना जीवन सादगी और सेवा में व्यतीत करने का इच्छुक हूँ। मैंने इस सत्ता के षड्यंत्रों को बहुत समीप से देखा है और इसके कुप्रभावों को भी सहा है। मेरी माता ने कितना कुछ सहा होगा, यह मैं ही जानता हूँ। अब मैं फिर से अपनी माता को उसी कष्ट में नहीं धकेलना चाहता। जिस कष्ट को भूलकर मेरे माता-पिता अब अपने जीवन में खुशियों का पदार्पण करने जा रहे हैं, मैं उसे पुनः कुरेदना नहीं चाहता।'' कुँवर साँगा ने कहा।

''तुम धन्य हो। वह जननी धन्य है, जिसने तुम्हारे जैसे सत्पुरुष को जन्म दिया, जिसकी तलवार चाहे तो पूरब से पश्चिम और उत्तर से दक्षिण तक राजपूती साम्राज्य का डंका बजा दे, फिर भी वह सादगी में विश्वास रखता है। ऐसे शत्रु भंजन वीर मेरा शत-शत प्रणाम!

''महाराज, अब आप मुझे लज्जित कर रहे हैं।''

''नहीं कुँवर! मैं उस शूरवीर का गुणगान कर रहा हूँ, जिसने त्याग, शौर्य, धैर्य और क्षमा का अद्‌भुत उदाहरण दिया है। मैं अपने आपको बड़ा ही सौभाग्यशाली मानता हूँ, जो विधाता ने तुम्हें मेरी रियासत में भेजा।''

कुँवर साँगा ने कुछ न कहा। उन्हें अपनी प्रशंसा भी नहीं सुहाती थी।

राव कर्मचंद ने इस बात का अनुभव किया और इस वार्त्ता पर विराम लगा दिया।

□

पृथ्वीराज का षड्यंत्रकारी सूरजमल से सामना

पृथ्वीराज के प्रयास सफल रहे और उसके राजहित में किए गए कार्यों का पुरस्कार उनकी मेवाड़ वापसी से मिला। उसकी साधना भी फलीभूत हुई और योजना भी। अपने जा चुके अधिकार को वापस पाकर उसका मनमयूर नाच उठा। जब वह कुंभलगढ़ लौटे तो उनका भव्य स्वागत किया गया। 'युवराज पृथ्वीराज की जय हो' के जयकारों से चित्तौड़ गुंजायमान हो उठा। माता-पिता, परिवारजन, प्रजा ने उसे सिर आँखों पर बिठाया और बीते हुए कष्ट भुला देने के संकेत दिए। चित्तौड़ में दो दिनों तक यह उत्सव चलता रहा।

युवराज पृथ्वीराज ने काका सूरजमल से भेंट की। दोनों के नेत्र मिले। पृथ्वीराज विजयी मुसकराहट से उसे देख रहा था, जबकि सूरजमल के मुख पर झेंपने के भाव थे।

"काका प्रणाम स्वीकार करें।" पृथ्वीराज ने कहा।

"चिरंजीव रहो युवराज पृथ्वीराज।"

"आपका स्वास्थ्य कैसा है काका? कुछ अस्वस्थ से लग रहे हैं। यह मेरे लौट आने से चढ़ा बुखार है या असंतुलित भोजन खाने से ऐसा हो रहा है?"

"तुम्हारे आने से मुझ पर क्या प्रभाव पड़नेवाला है कुमार? यह तो दाँवपेंच की बात है और भाग्य का खेल है। तुम तो जन्म से मेवाड़ के उत्तराधिकारी थे और तुम्हें वह अधिकार मिल गया है। हम तो कल भी शरणागत थे और अब भी शरणगत ही हैं।" सूरजमल ने संयत होकर कहा।

"साँगा का क्या समाचार है काका?"

"तुम तो दूर-दूर तक भटके फिरे हो। क्या तुम्हें कहीं कोई भनक नहीं लगी?"

''नहीं लगी, न मुझे इतना समय मिला और न ही मैंने आवश्यकता समझी।''

''आवश्यकता तो है कुमार, यह राज्यारोहण निष्कंटक रखना है तो इस ओर से निश्चिंत न होना। यह सूरजमल नहीं है, जो अवसर देखेगा। वह साँगा है, समझे।''

''अर्थात् वह अभी जीवित है।''

''सिंह घायल हो जाता है तो शिकारी को यह भ्रम नहीं पालना चाहिए कि वह कुछ दूर जाकर मर जाएगा। उसकी जीवटता चट्टानों से भी दृढ होती है। इतनी सरलता से उसके प्राण नहीं निकलते।''

'' कहाँ है वह? लौटा क्यों नहीं?''

''लौटेगा, समय आने पर आएगा। अभी क्या महाराणा से आकर हिसाब लेता। उसका हिसाब तो तुमसे है। भूल नहीं गया वह।''

''मैंने इस सिंहासन के लिए बहुत कष्ट सहे हैं काका! अब मैं इसमें किसी को सुई भर का भी हिस्सेदार नहीं होने दूँगा।''

''किसी भ्रम में न रहना कुमार, उसकी शक्ति व साधन सब सुदृढ हैं। तूफान की भाँति वह तुम्हारे स्वप्न को खंड-खंड करने का साहस रखता है।''

''कहाँ है वह? मैं उसे वहीं जाकर समाप्त कर दूँगा।''

''पहले खोज तो लो।''

''आप नहीं बताएँगे?''

''यही तो एक ऐसा वचन होगा, जो युवराज पृथ्वीराज के क्रोध से मेरी रक्षा कर सकेगा। हाँ, इतना अवश्य है कि जिस दिन तुम महाराजा बनोगे, मैं तुम्हें उसका पता बता दूँगा, तब तुम धैर्य रखो और मेरे प्रति क्रोध को शांत रखो।''

''काका! आपसे ही यह दाँवपेंच सीखे हैं। अतः आपको तलवार के एक ही वार से समाप्त नहीं कर सकता। आपसे तो मुझे बहुत खेलना है।''

''कुमार, तुम्हारा जोश ठीक है, परंतु चुनौती उचित नहीं। तुम अब सामर्थ्यवान् हो। चाहो तो अभी मुझे समाप्त कर सकते हो, किंतु यह शरणागत की हत्या होगी।''

''यह पाप तो अब नहीं करूँगा काका! जीवित तो तुम्हें रहना होगा, जिससे तुम ही क्षण में अपनी योजना को ध्वस्त होते देखो और मेरे सिर पर महाराणा का मुकुट देखकर तुम्हें अनुभव हो कि अधिकार और षड्यंत्र में अधिकार की शक्ति अधिक होती है।''

''यह सब तो समय के गर्भ में छुपा है कुमार!''

''जयमल को रास्ते से कैसे हटाया काका?'' पृथ्वीराज ने प्रश्न किया।

''मैं क्यों? वह तो बदनोर में जाकर मारा।'' सूरजमल ने कुटिलता से कहा।

''उसे बदनोर जाने की क्या आवश्यकता थी? सीधा सेना लेकर टोडा जाता और अफगानों को वहाँ से भगा देता।''

''न जाता तो तुम्हारी वापसी का मार्ग कैसे प्रशस्त होता?''

''मेरी वापसी तो संयोग से हुई है। वास्तव में तो आप अपना मार्ग प्रशस्त कर रहे थे। कैसे किया? आपस में क्या छुपाना?''

''मेरे भाग्य की विडंबना रही कि मैंने अपने लिए योजनाएँ बनाईं, किंतु लाभ औरों को ही मिला। साँगा को मेवाड़ से दूर किया तो वह आनंद से रह रहा है। तुम्हें दूर किया तो जयमल ने बाधा डाल दी। जयमल को हटाया तो तुम्हें लाभ मिला।''

''सेवक हो काका! सेवक ही रहोगे।'' पृथ्वीराज हँसा, ''जयमल को आपने ही बहलाकर बदनोर उस राजउद्यान में भेजा था।''

''हाँ और राव सुरतान तक सूचना भी मेरे ही गुप्तचर ने दी तथा साँसला रतन सिंह भी मेरे अनन्य मित्रों में से था, जो कि दुर्भाग्य से मारा गया।''

''एक बात तो माननी पड़ेगी काका! आप इस खेल के माहिर खिलाड़ी हैं। दाएँ हाथ से शिकार करते हैं तो बाएँ हाथ को पता भी नहीं चलता। आपने इस राजमहल में भूचाल ला दिया, परंतु किसी को कानोकान खबर तक न हुई। मैं भी आपका सहयोगी न रहा होता तो कभी न जान पाता कि मेवाड़ के षड्यंत्रों में किसका हाथ है?''

''क्या लाभ हुआ कुमार, क्या मिल गया मुझे? कुछ भी तो नहीं, फिर षड्यंत्र भी मैंने तो नहीं रचे। मैं तो सहायक भर रहा। तुम्हारा भी और जयमल का भी। अपने लाभ को तुम्हारे षड्यंत्रों में खोजता रहा, जो कि कहीं था ही नहीं। यदि महाराणा ने तुम्हें मृत्युदंड दिया होता तो आज स्थिति कुछ और होती। मैं इसी दिन के लिए शंकित था।''

''काका! यदि महाराणा को ज्ञात हो जाए कि अब तक हुई उथल-पुथल में आपका हाथ था तो कैसा रहेगा?''

''कुमार, मेरा जीवन ही मृत्यु के भय में व्यतीत हुआ है और जब मेरे पिता पर बिजली टूटी थी तो मैं जान गया था कि बुरे कार्य का परिणाम भी बुरा ही होता है। मैं तभी से ऐसे कार्यों से बचता फिरता था। महाराणा ने मुझे शरण दी तो मैं पूरी तरह से राजभक्त हो गया, परंतु जब तुम भाइयों में सिंहासन की प्रतिस्पर्धा देखी तो मैं भी इसमें शामिल हो गया। अब तुम्हीं बताओ, मेरी गलती क्या है? जो तुमने किया, वही मैंने किया, फिर दंड का भय मुझे क्यों दिखाते हो?''

''काका! आप भयभीत न हों। मैं महाराणा को आपकी वास्तविकता नहीं

बताऊँगा। मुझे तो भाग्य ने फिर से अवसर दिया है। अतः मैं इतना निष्ठुर नहीं हो सकता कि आपका अहित करूँ। मेरी सफलता में आपका योगदान है। इसका पुरस्कार मैं आपको आपका जीवन दे रहा हूँ और यदि आप वचन दें कि मेरे प्रति वफादार रहेंगे तो यह पुरस्कार लंबे समय तक आपको मिलता रह सकता है।''

''मेरे वचन पर पृथ्वीराज को विश्वास होना कठिन है कुमार! मैं ठहरा एक अवसरवादी, वचन भी दूँ तो विश्वास पैदा नहीं कर सकता।''

''आपकी यह स्वीकारोक्ति मुझे अच्छी लगी। अब कम-से-कम यह तो स्पष्ट हुआ कि आप मेरे साथ नहीं तो मेरे विरुद्ध भी नहीं हैं।''

''तुम मेवाड़ के उत्तराधिकारी हो कुमार, तुम्हारे विरुद्ध रहकर मुझे प्राण नहीं गँवाना। तुम्हारा विश्वास मैं प्राप्त नहीं कर सकता। अतः अब तो सब समय पर छोड़ा जा रहा है।''

''ठीक है काका! जब भी मुझे लगा कि आप मेरे विरुद्ध कुछ सोच रहे हैं तो वही दिन आपका अंतिम दिन होगा।''

□

साँगा के गुप्तवास का रहस्योद्‌घाटन

कुँवर साँगा के विषय में मेवाड़ से जानकारी प्राप्त करके लौटे तो दो गुप्तचरों में से एक कुछ अधिक ही रोमांचित हो रहा था। उसे यह जानकर आश्चर्य हो रहा था कि मेवाड़ का पराक्रमी राजकुमार श्रीनगर में रह रहा है और यह बात कम लोग ही जानते हैं। उन जाननेवालों में अब वह भी था। एक रात उसने अपनी यह जानकारी अपनी पत्नी के सामने कह दी।

''जानती है कि हमारे महाराज के जमाता कौन हैं? वह कोई साधारण आदमी नहीं हैं। वह तो बहुत बड़े राजकुमार हैं। सारे राजपूताने में उसके कुल की जो मान-प्रतिष्ठा है, वह किसी अन्य कुल की नहीं, परंतु उन्होंने अपने भाइयों के षड्‌यंत्र से अपने प्राण बचाकर यहाँ शरण ली है।''

''अच्छा! कौन हैं वह? आपको तो पता होगा?''

''मुझे ही सबसे पहले पता लगा।'' वह गर्व से बोला, ''जब महाराज ने मुझे चित्तौड़ भेजा और मैंने सबकुछ जान लिया। वह कुँवर संग्राम सिंह हैं, जिसे अपने सगे भाइयों से प्राणों का भय है।''

''सगे भाइयों से, ऐसा क्यों?''

''सिंहासन का चक्कर है। इन राजवंशों में यह तो होता ही रहता है। षड्‌यंत्र और वैमनस्य तो चलते ही रहते हैं। वास्तव में मेवाड़ की प्रजा कुँवर संग्राम सिंह को महाराणा बनाने की इच्छुक थी, परंतु बड़े राजकुमार पृथ्वीराज को यह स्वीकार नहीं था। उन्होंने अपने अधिकार की रक्षा के लिए इनकी हत्या का प्रयास किया और ये भाग खड़े हुए। तुम इस बात को अपने तक ही सीमित रखना।''

''ठीक है!''

उस गुप्तचर की पत्नी ने कुछ दिन तो अपनी स्त्रीसुलभ जिज्ञासा को दबाए रखा, लेकिन वह कब तक ऐसा करती? एक दिन उसने अपनी परम सखी को यह

बात बता ही दी। वह सौगंध उठाती थी कि यह बात किसी अन्य को न बताएगी, लेकिन वह ऐसा न कर सकी। उसने अपने पति को बता दिया और यह बात सेनापति तक जा पहुँची। यह सब जानकर वह भी सन्न रह गया। कुँवर संग्राम सिंह के विषय में उसने भी सुना था। चित्तौड़ के पराक्रम से वह अनभिज्ञ नहीं था। अवश्य ही महाराज राव कर्मचंद इस रहस्य से परिचित होंगे। तभी तो उन्होंने एक साधारण से सैनिक को अपनी पुत्री सौंप दी।

सेनापति ने यह बात राजकुमार पृथ्वीराज तक पहुँचाने का इरादा कर लिया। भले ही उसे कोई लाभ न होता, लेकिन हानि भी क्या थी?

□

पृथ्वीराज का पराक्रम

राजकुमार पृथ्वीराज ने चित्तौड़ का उत्तराधिकार भी प्राप्त कर लिया था और अनिंद्य सुंदरी ताराबाई को भी। स्वयं अपनी पीठ ठोकते हुए वह आनंद से जीवन व्यतीत कर रहे थे, लेकिन वह जानते थे कि उनके सिर पर बहुत बड़ा दायित्व है। उन्हें साँगा के जीवित होने और साधनसंपन्न होने की खबर ने विचलित कर दिया था और यह खतरा उन्हें नंगी तलवार की भाँति अपने सिर पर लटकता महसूस हो रहा था। उन्होंने तत्काल तो यही इरादा किया था कि वह अपने कार्यों से महाराणा और मेवाड़ की प्रजा का हृदय जीतेंगे, जिससे समय पड़ने पर जनसमर्थन पा सकें। यह अवसर भी शीघ्र ही मिला। जब उन्हें सूचना मिली कि उनके द्वारा टोडा में अफगानों की पराजय से अजमेर का अफगान शासक मल्लू खाँ तिलमिलाया हुआ है और चित्तौड़ पर आक्रमण की तैयारी कर रहा है।

राजकुमार पृथ्वीराज ने भी अपनी सेना तैयार कर ली और मल्लू खाँ को अजमेर के मैदान में ही जा घेरा। पृथ्वीराज ने रात्रि में अफगान शिविर पर आक्रमण करके मल्लू खाँ की सेना को तहस-नहस कर दिया और उसे पराजित करके अजमेर से बाहर भगा दिया। अजमेर की राजधानी तारागढ़ पर पृथ्वीराज ने अधिकार कर लिया। इससे मेवाड़ में उसकी वीरता के गुण गाए जाने लगे। महाराणा रायमल को अतीव प्रसन्नता हुई।

इसी बीच मालवा के सुलतान महमूद द्वितीय ने पृथ्वीराज की वीरता और अफगानों की पराजय के विषय में जाना तो वह चिंतित हो उठा कि कहीं राजपूत सेना मालवा पर अतिक्रमण करने का विचार तो नहीं बना रही? इसकी टोह लेने अपने विश्वस्त सरदार को महाराणा रायमल के पास भेजा। महाराणा ने तुर्क सरदार का स्वागत किया, जो पृथ्वीराज को फूटी आँख भी न सुहाता और उसने अपने पिता से इसकी शिकायत की।

''पिताश्री, आप चित्तौड़ के महाराणा हैं और आपको तुर्कों की चापलूसी करने की आवश्यकता नहीं है। इससे राजपूतों की शान घटती है।''

''कुमार, एक तो वह अतिथि था और दूसरे मालवा के सुलतान का दूत था। मालवा की शक्ति बहुत है। वह हमारा सीमावर्ती राज्य है, इसलिए उससे शत्रुता उचित नहीं है।''

''शत्रुता मालवा से नहीं, अपितु उसके विदेशी शासक से है। मैं शीघ्र ही मालवा को भी तुर्करहित करके राजपूती साम्राज्य का विस्तार करूँगा।''

पृथ्वीराज ने इसी दिशा में अपने प्रयास आरंभ कर दिए। उन्होंने हजारों राजपूत युवाओं को सेना में आने का आह्वान किया और नीमच पहुँचकर एक शक्तिशाली युवा राजपूत सेना का नेतृत्व करते हुए देपालपुर जा पहुँचे। जिस तुर्क सरदार का महाराणा ने स्वागत किया था, वह देपालपुर का ही शासक सरदार था। पृथ्वीराज ने प्रबल आक्रमण करके उस तुर्क सरदार को मारकर वहाँ अपना अधिकार कर लिया और संकेत दे दिया कि अब राजपूती साम्राज्य विस्तारवादी नीति अपना रहा है।

जब यह समाचार मालवा की राजधानी मांडू पहुँचा तो सुलतान महमूद घबरा गया। वह अपने सरदार की पराजय से तिलमिला गया था और अपनी सेना लेकर पृथ्वीराज से युद्ध के लिए निकल पड़ा। रात होने पर उसकी सेना ने पड़ाव डाला। अर्धरात्रि में अचानक राजपूतों का हमला हुआ और जब सुलतान कुछ समझ पाता, तब तक पृथ्वीराज अपनी तलवार लिये उसके सिर पर आ चढ़े। सुलतान को बंदी बनाकर वह चित्तौड़ ले आए। महाराणा ने अपने वीर पुत्र की खूब प्रशंसा की और सुलतान को प्राणदान दिया।

पृथ्वीराज की ख्याति दूर-दूर तक फैलने लगी। पृथ्वीराज भी ऊर्जा से भरे थे और वह अत्यंत युद्धप्रिय थे। मेवाड़ के सैनिक अब उन्हें 'उमड़ा पृथ्वीराज' कहने लगे थे। वह सुबह यहाँ होते तो शाम को दो सौ मील दूर रणभूमि में देखे जाते।

इन विजयों और ख्याति से उत्साहित पृथ्वीराज को इसी बीच एक और समाचार मिला। उसकी बुआ गिरनार के राजा मांडलिक से ब्याही गई थीं। मांडलिक विलासी था और पत्नी के रोकने-टोकने पर भी वह उसे बुरी तरह प्रताड़ित करता था। यह समाचार पृथ्वीराज को मिला तो वह सेनापति सहित गिरनार जा पहुँचे और राजा मांडलिक को बंदी बना लिया। वह प्राणदान माँगने लगा तो बुआ रमाबाई के कहने पर उसे जीवन दान तो दे दिया, लेकिन दंडस्वरूप उसका एक कान काट लिया, फिर वे अपनी बुआ को मेवाड़ ले आए।

अपनी बहन की व्यथा सुनकर राणा रायमल द्रवित हो उठे और वीर पुत्र का

धन्यवाद किया, जिन्होंने अपनी बुआ को अत्याचार से मुक्ति दिलाई। महाराणा ने अपनी बहन को सदैव के लिए मेवाड़ में रख लिया और जीवन-निर्वाह के लिए ज्वार परगना भेंट कर दिया। इसी बीच महाराणा ने सूरजमल का भी विवाह कर दिया और उसे भेंट में भेंसरोड परगना दे दिया। पृथ्वीराज ने अपने पिता को बहुत समझाया कि सूरजमल वास्तव में वह नहीं है, जो वह दिखता है और उसे शक्ति देना मेवाड़ के लिए संकट पैदा करना है, लेकिन महाराणा के तथ्यों के सामने उसकी एक न चली।

पृथ्वीराज निरुत्तर हो गए और अवसर की प्रतीक्षा करने लगे कि कब वह सूरजमल पर आक्रमण करें। उन्हें यह अवसर तब मिला, जब सूरजमल ने मेवाड़ के शत्रु सारंगदेव से मित्रता कर ली। पृथ्वीराज ने इसी बात का बहाना बनाकर सूरजमल पर आक्रमण कर दिया और सूरजमल से उसकी जागीर छीनकर उसे वहाँ से भागने पर विवश कर दिया।

अब सूरजमल पूरी तरह अपने रंग में आ गया और सारंगदेव के कहने पर मालवा के सूरजमल की शरण में जाकर सहायता माँगी। मालवा के सुलतान ने पहले ही चित्तौड़ पर आक्रमण करने की योजना बना ली। सूरजमल ने यहाँ भी अपनी बुद्धिमानी का परिचय दिया और आक्रमण का वह दिन चुना, जब पृथ्वीराज जालौर में युद्धरत थे।

अब मालवा की सेना चित्तौड़ की ओर बढ़ चली। महाराणा को सूरजमल का यह विश्वासघात अच्छा न लगा और वे स्वयं मेवाड़ की सेना का नेतृत्व करने निकल पड़े। गंभीरी नदी के मैदान में सूरजमल तुर्क सरदारों के साथ अकड़ा खड़ा था तो महाराणा ने उसे कुलघाती कहा।

युद्ध आरंभ हो गया। वृद्ध महाराणा का पराक्रम दर्शनीय था, लेकिन शीघ्र ही उन्हें कुछ घातक वार सहने पड़े, जिससे उनका युद्धरत रहना कठिन सा लगा। मेवाड़ की पराजय के लक्षण दिखने लगे। सूरजमल उत्साहित था, लेकिन तभी रणभूमि में आँधी सी उठ गई। पृथ्वीराज बड़ी तेजी से उधर ही बढ़े चले आ रहे थे। □

राव कर्मचंद की सलाह

अब संग्राम सिंह को मेवाड़ में हो रही सभी गतिविधियों की सूचना मिल रही थी और वे प्रसन्न थे कि पृथ्वीराज ने मेवाड़ की ख्याति में वृद्धि कर दी थी। तुर्क और अफगानों की पराजय के समाचार अधिक हर्षित करने वाले थे। वे अपनी पत्नी को अपने पराक्रमी भाई की सफलताओं के किस्से बड़े चाव से सुनाते और उसकी प्रशंसा में बहुत सी बातें करते। उनकी पत्नी बहुत सुशील और समझदार राजकन्या थी, परंतु वे कई बार यह सोचकर आश्चर्यचकित भी होती थी कि जिस व्यक्ति ने उसके पति के प्राण लेने का षड्यंत्र रचा था, उसी की प्रशंसा उसके पति कैसे करते हैं! ऐसा भ्रातृत्व और महानता कम ही लोगों में ही मिलती है। वह गर्व का अनुभव करती। साँगा निर्विकार भाव से अपने कार्यों में व्यस्त रहते। उनकी दिनचर्या बड़ी व्यस्त होती। सेना का नियमित प्रशिक्षण और सीमा-सुरक्षा का प्रतिदिन निरीक्षण करना साँगा की दिनचर्या का आवश्यक अंग था।

''कुँवर!'' राव कर्मचंद ने एक दिन पूछा, ''सैन्य प्रशिक्षण नियमित होने से शक्ति और कुशलता का संचय तो समझ में आता है, परंतु प्रतिदिन सीमाओं का निरीक्षण करने का क्या लाभ? वहाँ हमारे सैन्य-शिविर स्थापित हैं। किसी प्रकार का संकट आने पर हमें सूचना मिल जाएगी।''

''महाराज! जब किसी रियासत ने ताजा-ताजा उन्नति की हो तो उसे सदैव सजग रहना चाहिए। सीमाओं की ओर से निश्चिंत नहीं होना चाहिए। शत्रु जरा सी शिथिलता देखते ही प्रबल हो उठते हैं। सीमा-भ्रमण से हमें क्षण-क्षण की जानकारी मिलती है और हमारे सीमाप्रहरियों में उत्साह बना रहता है।''

''वास्तव में तुम एक कुशल सेनापति और प्रशासक हो। सैन्य-मानसिकता का तुम्हें अच्छा अनुभव है।'' राव कर्मचंद मंत्रमुग्ध होकर बोले।

''मेवाड़ में यह अनुभव बच्चे-बच्चे को होता है।''

''इन दिनों तो मेवाड़ की ख्याति चारों ओर फैल रही है। अजमेर विजय का लाभ तो हमें भी मिला है। हमारी यह सीमा सुरक्षित हो गई है।''

''इस समय भ्राता पृथ्वीराज को चाहिए कि सभी राजपूत राजाओं को एक मंच पर लाकर विदेशी शक्तियों के पूर्ण दमन का लक्ष्य रखें। इससे भारतवर्ष में पुनः राजपूत शक्ति का वर्चस्व होगा और हमारी संस्कृति व सभ्यता का क्षरण रुकेगा।''

''तुम्हारा दृष्टिकोण उचित है और आशा है कि पृथ्वीराज भी इस दिशा में सोचेंगे। मेरा विचार तो यह है कि यदि बीती बातों को भुलाकर तुम भी पृथ्वीराज का साथ दो तो यह स्वप्न निचश्य ही पूरा हो सकेगा।''

''महाराज, प्रतीत होता है कि आप मुझे श्रीनगर से भगाना चाहते हैं।''

''अरे नहीं कुँवर, हम कदापि ऐसा नहीं चाहते।''

कुँवर साँगा को राव कर्मचंद की सलाह तो उचित लगी थी, परंतु अमल करने योग्य नहीं।

□

उड़ गए पृथ्वीराज के प्राण-पखेरू

राजकुमार पृथ्वीराज ने गंभीरी नदी के मैदान में हुए युद्ध में सूरजमल और सारंगदेव को प्राण बचाकर भागने पर विवश कर दिया। इसके बाद पृथ्वीराज जैसे हाथ धोकर ही उनके पीछे पड़ गए और वे दोनों जहाँ भी जाते, वह उनके पीछे पहुँच जाते और उन्हें खदेड़ देते। सूरजमल और सारंगदेव इतने भयभीत हो गए थे कि उन्होंने बाटरड़ा के वनों में शरण ली, परंतु पृथ्वीराज ने यहाँ भी उनका पीछा नहीं छोड़ा और यहाँ हुए युद्ध सारंगदेव पृथ्वीराज के हाथों में मारा गया। सूरजमल को वहाँ से भी प्राण बचाकर भागना पड़ा और वह अपनी पत्नी के घर जा छुपा। पृथ्वीराज वहाँ भी चले आए और उसके घर उससे मिले।

''कुमार, यहाँ भी आ गए।'' सूरजमल हताश स्वर में बोला, ''अब मैं कहाँ जाऊँ? यह ससुराल ही मेरी अंतिम शरणस्थली है।''

''काका, मैं कहीं भी तुम्हारा पीछा नहीं छोड़ूँगा। जब आप चारों ओर से असहाय होकर मेरी शरण में आएँगे, तभी चैन पाएँगे।'' पृथ्वीराज ने कहा।

''अंततः तो यही कहना होगा।''

''अंततः कब, अभी क्यों नहीं?''

''असहाय तो मैं हो ही गया। अब तो बस स्वास्थ्य लाभ की इच्छा से यहाँ आया था, परंतु तुमने यहाँ भी चैन न लेने दिया।''

''काका, चित्तौड़ में आप मेरे शरणागत रहेंगे, मेरे सामने रहेंगे तो जीवन में सुख का अनुभव करेंगे। भले ही शासक न रहें, परंतु जीवित रहेंगे।''

''अब तो यही लगता है, कुमार! आप अपने शत्रु को अपने साथ रखेंगे?''

''अपनी निगरानी में रखूँगा तो धोखे से वार करने की तथा शत्रुओं से मिल जाने की आशंका तो समाप्त हो जाएगी।''

''फिर ठीक है। मैं सहर्ष तैयार हूँ। क्यों कष्ट उठाता फिरूँ?''

''हृदय से कह रहें हैं या अभी भी कोई पैंतरा शेष है ?''

''माता चारणी की सौगंध, हृदय से कह रह हूँ। तुम्हारा भाग्य चरमोत्थान पर है, ऐसे में तुमसे शत्रुता करके जीवन को कष्टों में धकेलना उचित नहीं। तुम्हारा दयापात्र भी बना रहूँ तो बहुत है।''

''ठीक है काका, अभी कुछ दिनों तक आप स्वास्थ्य लाभ करें, फिर चित्तौड़ आ जाइएगा।'' पृथ्वीराज ने उठकर कहा, ''अब मैं चलता हूँ।''

''अरे युवराज! आप ऐसे-ऐसे कैसे चले जाएँगे!'' तभी सूरजमल की पत्नी वहाँ आ गई, ''पहली बार आप हमारे घर आए हैं। शत्रुता काका से है, काकी से तो नहीं। भोजन किए बिना तो न जाने दूँगी। इतना अधिकार तो मेरा भी बनता है।''

पृथ्वीराज ने कुछ क्षण सोचा और स्वीकृति दे दी। सूरजमल की पत्नी खुश होकर भोजन बनाने चली गए और पृथ्वीराज बैठ गए।

''साँगा श्रीनगर में हैं। वे राजा राव कर्मचंद के जामाता बन गए हैं। अपने बल और बुद्धि के प्रयोग से राव कर्मचंद के विशेष स्नेहपात्र हैं।'' सूरजमल ने बताया, ''श्रीनगर की सेना को नियमित युद्ध-प्रशिक्षण देते हैं।''

''ओह! इसका अर्थ तो यह हुआ कि वह तैयारी कर रहे हैं। आपके बाद उसकी भी सुधि लेता हूँ। श्रीनगर को अपने शत्रु को शरण देने का दंड दूँगा।'' पृथ्वीराज ने कहा।

''जो भी हुआ, उसे भूल जाओ तो मेवाड़ के हित में होगा। साँगा तुम्हारे भाई ही हैं। उनसे संधि कर लो और उनकी शक्ति का प्रयोग अपने साम्राज्य विस्तार में करो। यह राय मैं हृदय से दे रहा हूँ। साँगा बहुत महान् पराक्रमी योद्धा हैं। उनसे युद्ध करने से कोई लाभ नहीं होने वाला।''

''उसकी राय आपके ही किसी काम नहीं आई तो मेरे किस काम आएगी ? चोट खाए सिंह पर विश्वास मैं नहीं करता।''

सूरजमल ने बहुत समझाया, परंतु पृथ्वीराज अपने निश्चय से टस-से मस न हुए। बहुत देर तक इसी विषय पर वार्त्तालाप होता रहा और फिर काकी भोजन के दो थाल लेकर आ गई। उन्होंने एक थाल सूरजमल के सामने और दूसरा पृथ्वीराज के सामने रखा।

''काका, आज से हम शत्रुता समाप्त करते हैं। मैं आपको भेंसरोड परगना वापस दे ही देता हूँ। आप भी हमारे अपने ही हैं।'' पृथ्वीराज ने कहा, ''और इस मित्रता का आरंभ हम आज से ही करते हैं। यह लीजिए…।''

पृथ्वीराज ने अपनी थाली में से रोटी का एक कौर तोड़कर सूरजमल के मुँह

की ओर बढ़ाया, जिसने डबडबाई आँखों से अपने मन की कलुषिता समाप्त होने का संकेत दिया। उसने कौर की ओर मुँह बढ़ाया ही था कि उसकी पत्नी ने उस कौर को अलग फेंक दिया।

''काकी! यही आशंका मुझे भी थी। काका की सोहबत में रहकर आप इतना तो सीख ही गई हैं, यह मैं भी जानता हूँ। अपना भोजन आप ही खाएँ।''

''तूने···तूने युवराज के भोजन में विष मिलाया?'' सूरजमल क्रोधित हो उठा। पत्नी कुछ न बोली। वह मुँह फेरकर खड़ी हो गई।

''रहने दीजिए काका! आपकी पत्नी आपके शत्रु पर ऐसे ही स्नेह न दिखातीं तो इनका पतिव्रत धर्म कैसे प्रकट होता? मैं चलता हूँ। स्वस्थ हो जाएँ तो चित्तौड़ आ जाइएगा, अन्यथा अगली बार आपको बंदी बनाकर ले जाऊँगा।''

इतना कहकर पृथ्वीराज वहाँ से चले आए और अपने साथियों सहित उन्होंने कांठल वन में कुछ दिन प्रवास किया। यहीं उन्होंने श्रीनगर पर आक्रमण करके शत्रु साँगा को समाप्त करने का विचार बना लिया और सैन्य-तैयारी करने लगे। उन्होंने अपने गुप्तचर श्रीनगर भेज दिए, जिससे वहाँ की सुरक्षा एवं शक्ति का पूर्व ज्ञान कर सके।

पृथ्वीराज ने यह दृढ निश्चय कर लिया था कि वह साँगा को जीवित न छोड़ेंगे, इसी समय उनको अपनी बहन हरकँवर का पत्र मिला। हरकँवर सिरोही के राव जगमल को ब्याही गई थी, जो एक विलासी, अहंकारी, लालची और मेवाड़ पर कुदृष्टि रखने वाला व्यक्ति था। जब मेवाड़ पर उत्तराधिकारी का संकट आया था तो उसने स्पष्ट अपनी पत्नी से कहा था कि जामाता होने से मेवाड़ पर उसका अधिकार बनता है, जब पृथ्वीराज उत्तराधिकारी बनकर लौटे तो राव जयमल ईर्ष्या से जल गया। उसने अपनी ईर्ष्या को हरकँवर को प्रताड़ित करने में खर्च किया। उसकी प्रताड़ना अमानवीय हो चली थी, यह सब उस पत्र में लिखा था। पृथ्वीराज का क्रोध जाग उठा और उन्होंने अपने चुने हुए वीर साथी को लेकर राव जगमल को धर दबोचा। सोए हुए जगमल की गरदन पर तलवार रखकर उन्होंने उसे जगाया। सामने साक्षात् कालरूप पृथ्वीराज को देखकर जगमल मृत्यु के भय से काँप उठा। वह रोते हुए जीवन की भिक्षा माँगने लगा और सदैव के लिए उसका शरणागत होने का वचन देने लगा। पृथ्वीराज ने बहन हरकँवर पर निर्णय छोड़ दिया, जिसने अपने पति की जान बचा ली। पृथ्वीराज के कहने पर राव जगमल ने अपनी पत्नी के पैर पकड़कर क्षमा माँगी।

अगले दिन सुबह राव जगमल ने अपने अपमान का बदला ले ही लिया। उसने

धोखे से पृथ्वीराज के भोजन में जहर मिला दिया। पृथ्वीराज को उसकी बहन ने भोजन परोसा था। उन्होंने प्रेम से भोजन किया। कुछ ही देर में विष ने अपना प्रभाव दिखाया और पृथ्वीराज की हालत बिगड़ गई। बहन ने घबराकर वैद्य को बुलाया, परंतु तब तक शूरवीर योद्धा पृथ्वीराज के प्राण पखेरू उड़ गए। बहन का रो-रोकर बुरा हाल हो रहा था। वह अपने पति को कोस रही थी और जगमल कुटिलता से हँस रहा था। पृथ्वीराज के साथी उनके शव को लेकर कुंभलगढ़ से आए तो मेवाड़ में हाहाकार मच गया। जिस पृथ्वीराज की तलवार ने शत्रुओं को भयभीत कर दिया था, वह आज सबको निर्भय करके चला गया। चित्तौड़ के राजमहल में जैसे सन्नाटा पसर गया। महाराणा रायमल को गहरा आघात लगा और वह उपचाराधीन किए गए। मेवाड़ की प्रजा अपने वीर युवराज की असमय मृत्यु से दुःखी थी। जगमल के विश्वासघात ने एक बार फिर मेवाड़ पर संकट ला लिया था।

वीर पृथ्वीराज की पत्नी ताराबाई ने सोलह शृंगार करके अपने पति का शव गोद में रखा और शांत भाव से चिंता में बैठ गई। अग्नि ने उस वीर पत्नी को अपने आप में समाहित किया और वीर राजपूत क्षत्राणी तारा को सतियों के इतिहास में स्थान दिया।

मेवाड़ शोकाकुल हो उठा। सब आशाएँ ध्वस्त हो गईं।

□

साँगा बने मेवाड़ के महाराणा

यह सन् 1508 ई. का अंत चल रहा था। पृथ्वीराज की मृत्यु का समाचार चारों ओर फैल गया था। राजपूत रियासतों में शोक और तुर्क, अफगानों में खुशी की लहर दौड़ गई। एक प्रबल पराक्रमी शत्रु से पीछा जो छूट गया था।

साँगा को यह समाचार मिला तो उन्हें भी बहुत दु:ख हुआ। पृथ्वीराज ने जिस प्रकार राजपूती शान का ध्वज फहराया था, उसे फिर से राजपूती शान अपने चार शताब्दी पहले के पुरुषार्थ की तरफ पहुँचाती लग रही थी, जब अजमेर के चौहान राजा पृथ्वीराज चौहान ने राजपूताने पर शासन किया। साँगा को ध्वस्त हुए उस स्वप्न ने अधिक पीड़ा पहुँचाई। राव कर्मचंद ने उनके दु:ख को महसूस किया।

''कुँवर, एक बार फिर मेवाड़ संकट में आ गया है। वीर पृथ्वीराज की धोखे से हत्या ने राणाकुल को फिर घोर दु:खों में धकेल दिया। अवश्य शत्रु मेवाड़ को राणाकुल से छीनना चाहते हैं। जिस मेवाड़ ने स्वतंत्र रहकर विदेशी शक्तियों का मान भंग किया है।'' राव कर्मचंद ने कहा, ''महाराणा रायमल इस समय घोर विपन्न और हताश अवस्था में शैया पर पड़े हैं। यह शत्रुओं के लिए आदर्श स्थिति है। अब केवल एक ही आशा शेष रह गई है, जो मेवाड़ और राजपूतों को इस भँवर से बचा सकती है और वह तुम हो कुँवर संग्राम सिंह, केवल तुम! आज मेवाड़ का रिक्त सिंहासन किसी ऐसे रक्षक की प्रतीक्षा आतुरता से कर रहा है, जो राजपूताने के गौरव को अक्षुण्ण रखे, अन्यथा वह दिन दूर नहीं, जब तुर्क या अफगान चित्तौड़ के राजमहल में अपवित्रता फैलाएँगे।''

''ऐसा दिन कभी नहीं आएगा।'' संग्राम सिंह दहाड़ उठे, मेवाड़ की रक्षा में राणा अभी असमर्थ नहीं हो गए। संग्राम सिंह अपने मेवाड़ की भूमि पर तुर्क-अफगानों के अपवित्र कदम नहीं पड़ने देगा। आप हमारे चित्तौड़ जाने की तैयारी करें।''

''सब तैयारियाँ हो चुकी हैं कुँवर, यह शोक समाचार सुनते ही हमने जान लिया था कि अब तुम्हें मेवाड़ की सुरक्षा का दायित्व उठाना होगा। राजपूतों के गौरव को अब संग्राम सिंह की तलवार ही यथावत् रखेगी। चलो कुँवर, अपने शोकविह्वल पिता और परिजनों के साथ मेवाड़ की प्रजा को भी चलकर सांत्वना दो और उन्हें विश्वास दिलाओ कि मेवाड़ और राजपूत बिल्कुल सुरक्षित हैं।''

संग्राम सिंह ने सहमति में सिर हिला दिया। राव कर्मचंद उन्हें साथ लेकर चित्तौड़ की ओर प्रस्थान कर गए। जब चित्तौड़ में यह समाचार पहुँचा कि राजकुमार साँगा जीवित हैं और वापस आ रहे हैं तो मेवाड़ भर में खुशी की लहर दौड़ गई। पृथ्वीराज की असमय मृत्यु का अपार कष्ट इस शुभ समाचार ने क्षण भर में दूर कर दिया। मूर्च्छित शैया पर पड़े महाराणा रायमल के कानों में इस स्वर ने जैसे अमृत ही उँड़ेल दिया।

सहसा तो उन्हें विश्वास ही नहीं हुआ कि उनका प्रिय पुत्र साँगा जीवित है, पर जब साँगा ने उनके चरण स्पर्श किए तो जैसे उनके क्षीण शरीर में शक्ति आई।

''साँगा''मेरा पुत्र, कहाँ चला गया था बेटा?'' महाराणा रो पड़े।

''दुर्भाग्य ने मुझे आप सबसे दूर कर दिया था पिताश्री। साँगा ने कहा, ''अपनों के विश्वासघात ने इतना व्यथित कर दिया कि हृदय विरक्त हो उठा। ऐसे कठिन समय में मुझे श्रीनगर के महाराज राव कर्मचंदजी ने आश्रय और स्नेह दिया, जिसने मुझे इतना स्नेहपाश में बाँधा कि मैं चाहकर भी न लौट सका।''

''महाराणा कर्मचंद, हम आपके अत्यंत आभारी हैं, जो आपने मेवाड़ की धरोहर की ऐसी रक्षा की।'' महाराणा ने हाथ जोड़कर राव कर्मचंद से कहा, ''हम तो आशा ही छोड़ चुके थे कि हमारा पुत्र जीवित लौटेगा, परंतु आज जब मेवाड़ को इसकी अत्यधिक आवश्यकता है, तब आपने इसे सौंपकर मेवाड़ पर उपकार किया है।''

''महाराणाजी, हम तो सदैव से ही मेवाड़ के सेवक रहे हैं।'' राव कर्मचंद ने कहा, ''यह तो कुँवर का अपना विचार था, अन्यथा हम तो बहुत पहले ही आपको इस समाचार से अवगत करा देना चाहते थे।''

''समय पर होने वाले कार्य का महत्त्व अतुलनीय हो जाता है महाराज, अब हम निश्चिंत होकर जीवन के अंतिम दिन पूरे कर सकेंगे। कुँवर साँगा के आने से मेवाड़ की रक्षा की चिंता अब हमें नहीं सताएगी। आपने हम पर जो उपकार किया है, वह हम नहीं चुका सकते, परंतु इस अवसर पर हम आपको प्रसन्न होकर एक जागीर प्रदान करते हैं।'' महाराणा ने कहा।

''मेरे प्रिय मेवाड़वासियो!'' साँगा ने उच्च स्वर में कहा, ''जीवन में सुख और दु:ख का आवागमन लगा ही रहता है। इसी संघर्ष का नाम जीवन है। विधाता ने मेवाड़ को भी अनेक सुख-दु:ख से आच्छादित रखा। समय-समय पर इस राजकुल को गंभीर आघात दिए, परंतु ये सब जीवन का हिस्सा हैं। राणा कुल आपकी सेवा में सदैव लगा रहेगा। मेरे अग्रज पृथ्वीराज ने मेवाड़ की यश पताका चारों ओर फैला दी और अब मेरा दायित्व है कि उनके कार्यों को आगे बढ़ाऊँ। मैं आपको विश्वास दिलाता हूँ कि आपकी रक्षा और मेवाड़ की सेवा में यदि मेरे प्राण भी चले जाएँ तो मैं पीछे नहीं हटूँगा। मेरी तलवार आप सबकी रक्षक बनेगी।''

''राजकुमार संग्राम सिंह की जय!''

महाराणा रायमल ने संग्राम सिंह की जय-जयकार सुनी तो उनकी आँखें भर आईं। यह तो वे जानते थे कि मेवाड़ की प्रजा कुँवर साँगा को बहुत प्रेम करती थी, परंतु यह प्रेम आज भी उतना ही है, यह जानकर उन्हें प्रसन्नता हुई। कुँवर साँगा ने अपने सभी दायित्व सँभाल लिए थे। उन्होंने सेना को संगठित किया और शत्रुओं को चेतावनी दी कि कोई यह न समझे कि राजकुमार पृथ्वीराज के न होने से मेवाड़ असुरक्षित हो गया है। अब आपकी रक्षा में कुँवर संग्राम सिंह आ डटे हैं। कुदृष्टि डालने वालों की आँखें निकाल ली जाएँगी।

महाराणा रायमल को साँगा के कार्यों से संतुष्टि मिल रही थी, पर उनके निरंतर गिरते स्वास्थ्य में सुधार नहीं हो रहा था। दो युवा पुत्रों की असमय मृत्यु ने महाराणा को अधिक व्यथित किया और अंतत: 1509 ई. के आरंभ में ही वे इस संसार से चल बसे। मेवाड़ पुन: शोकाकुल हो उठा।

4 मई, 1509 ई. को साँगा यानी महाराणा संग्राम सिंह मेवाड़ के सिंहासन पर बैठे। चित्तौड़ की राजगद्दी पर बैठते समय राणा संग्राम सिंह की आयु 27 वर्ष थी। चारणी माता की भविष्यवाणी सिद्ध हुई। पृथ्वीराज, जयमल, सूरजमल और जगमल के प्रयास विफल सिद्ध रहे। मेवाड़ प्राप्ति की आशा में दो भाई तो इस दुनिया से चले गए और शेष दो दीन दशा में थे।

राणा साँगा ने सिंहासन सँभालते ही कर्मचंद के सभी उपकारों को स्मरण करके उन्हें अजमेर रियासत भी पुरस्कार में दे दी और साथ ही उन्हें मेवाड़ के मुख्य सरदारों में भी शामिल कर लिया, फिर उन्होंने अपने भाई पृथ्वीराज द्वारा किए गए कार्यों का विस्तार किया। जो परगने अभी मेवाड़ को मिल नहीं पाए थे, वे राणा साँगा के पराक्रम से उनके अधीन हुए।

अब राणा साँगा की चुनौती सीमाओं को सुरक्षित करने की थी। मेवाड़ की

सीमा से मालवा का खिलजी सुलतान, गुजरात का तुर्क सरदार और दिल्ली के अफगान लोदी आदि का शासन था। एक प्रकार से विदेशी सम्राटों से घिरा मेवाड़ दाँतों के बीच जीभ की तरह था और साँगा को केवल सीमाओं को ही सुरक्षित नहीं करना था, अपितु विदेशी शासन को भी उखाड़ फेंकना था। इस स्थिति को ये विदेशी शासक भी जानते थे। दिल्ली का अफगानी पठान शासक सिकंदर लोदी तो मेवाड़ को बढ़ते खतरे के रूप में जानकर सुरक्षा की दृष्टि से आगरा को अपनी राजधानी बना चुका था। राणा साँगा ने अपने सभी सीमावर्ती शत्रुओं का गहराई से अध्ययन किया और जाना कि अपनी धर्मांध नीतियों से दिल्ली का सुल्तान अपने शासन में विद्रोह को उत्पन्न कर चुका था और शेष कार्य उसका अत्याचारी उत्तराधिकारी इब्राहिम लोदी कर रहा था।

मालवा के उसके अयोग्य शासक नासिरुद्दीन खिलजी ने भी ऐसे कई गलत निर्णय लिये थे कि उसके सरदार उससे रुष्ट हो रहे थे। सन् 1511 ई. में नासिरुद्दीन की मृत्यु हो गई और उसका पुत्र महमूद मालवा का नया शासक बना। वह भी नाराज सरदारों की दृष्टि में अयोग्य ही था। इस प्रकार मालवा भी दुर्बलता और पतन के कगार पर खड़ा था।

गुजरात अवश्य शक्तिशाली राज्य था, जिसका शासक मुजफ्फरशाह बेगड़े था। गुजरात और मेवाड़ के बीच ईडर के राव भाव रिश्ते में राणा साँगा के मामा थे। राव भाव की मृत्यु के बाद सूरजमल ईडर का शासक बना, परंतु दुर्भाग्य से डेढ़ साल बाद ही उसकी मृत्यु हो गई और उसके स्थान पर उसका पुत्र रायमल गद्दी पर बैठा, जो नाबालिग था। भीममल ने उसे गद्दी से उतार फेंका और खुद शासक बन गया। इसके साथ ही रायमल ने अपने फूफा महाराणा रायमल की शरण ले ली, जो अभी तक मेवाड़ का शरगागत था। भीममल की मृत्यु भी हो गई और उसके बेटे भारमल ने गद्दी हथिया ली। अब ईडर का असली अधिकारी रायमल वयस्क था और राणा साँगा से आशा करता था कि वह अपने ममेरे भाई को उसका अधिकार दिलवा दे, क्योंकि भारमल ने गुजरात के शासक मुजफ्फरशाह से मित्रता कर रखी थी, अतः राणा साँगा को अपने ममेरे भाई के अधिकार के लिए उससे ही टकराना था।

राणा साँगा ने सभी स्थितियों पर विचार करके सन् 1514 ई. में ईडर का मामला सुलझाने का इरादा किया। अपने ममेरे भाई रायमल को बहुत बड़ी सैन्य-सहायता देकर राणा ने ईडर पर आक्रमण करके भारमल को वहाँ से भागने पर विवश कर दिया और रायमल को उसका अधिकार दिलाया। भारमल ने भागकर

मुजफ्फरशाह बेगड़े के यहाँ शरण ली और अपनी आपबीती सुनाई। मुजफ्फरशाह ने उसकी सहायता का वचन दिया और अपने एक सरदार निजामुलमुल्क को बड़ी सेना लेकर ईडर भेज दिया। रायमल इस सेना का सामना न कर सका और उसने भागकर अपने प्राण बचाए। राणा साँगा जान गए कि रायमल को स्थायी सहायता देनी चाहिए। उन्होंने अपनी पाँच हजार राजपूत अश्वसेना रायमल को स्थायी रूप से दे दी, जिसकी मदद से रायमल ने न केवल निजामुलमुल्क, बल्कि मुजफ्फरशाह के दो अन्य सरदारों को भी अलग-अलग युद्धों में हराकर महाराणा साँगा की जय-जयकार कर दी।

अब मुजफ्फरशाह बेगड़े अपना धैर्य खो चुका था, परंतु वह राणा साँगा को कमतर आँकने की भूल करनेवाला सुलतान नहीं था। उसने अपनी सैन्य क्षमता बढ़ाने का कार्य आरंभ किया।

□

दिल्ली पर आक्रमण की योजना

मालवा का अयोग्य सुलतान महमूद अपने पिता के समय से ही सरदारों के विद्रोहों से परेशान था, जो अब इतने अधिक हो गए थे कि उसे अपने सरदारों से प्राणों का भय सताने लगा था। उसका अपना छोटा भाई शहजादा साहिब खाँ भी विद्रोही सरदारों से मिलकर उसके तख्तापलट की योजना बना रहा था। सुलतान महमूद को कहीं से एक भनक भी लगी थी कि उसके विरोधी उसकी हत्या की योजना बना रहे थे तो वह डरकर मांडू भाग गया। उसे कहीं से मदद की आशा नहीं थी। ऐसे में उसे मदद मिली मालवा राजपूत सरदार मेदनीराय से। मेदनीराय एक ऐसा वीर राजपूत था, जिसके पराक्रम से पठान सरदार भी थर-थर काँपते थे। उसने सुलतान महमूद को रक्षा का ही वचन नहीं दिया, अपितु उसे उसका अधिकार दिलाने के लिए भी सेना एकत्र कर ली।

मेदनीराय ने चालीस हजार राजपूती सेना के साथ सुलतान साहिब खाँ की पठान सेना पर आक्रमण कर दिया। यह आक्रमण इतना प्रबल था कि साहिब खाँ को अपनी जान बचाकर भागना पड़ा। उसके हिमायती पठान सरदार भी भागते ही नजर आए। महमूद द्वितीय को सुलतान का ताज दोबारा मिल गया, जिसके लिए वह मेदनीराय का अहसानमंद था। उसने मेदनीराय को मालवा का प्रधानमंत्री बना दिया। मेदनीराय कुशल प्रशासक थे तो उन्होंने खोज-खोजकर विरोधी सरदारों का दमन शुरू कर दिया, इससे पठान सरदारों में खलबली मच गई। मेदनीराय की बढ़ती प्रतिष्ठा से भी इन सरदारों को चिढ़ थी। अत: कुछ तो दिल्ली सम्राट् सिकंदर लोदी के पास पहुँचे और कुछ ने गुजरात के सुलतान मुजफ्फरशाह की शरण ली। इन सरदारों ने दोनों सम्राटों को बताया कि मेदनीराय राजपूत सरदार है, जो अयोग्य सुलतान महमूद की आड़ में मालवा पर राजपूती शासन स्थापित करना चाहता है। इस प्रकार इन सरदारों ने एक गुट बना लिया, जिसका नेतृत्व चंदेरी का शासक

बोहजत खाँ करने लगा। साहिब खाँ को भी इस गुट ने अपना सुलतान घोषित कर दिया, जिसका वजीर बोहजत खाँ बना। दिल्ली सम्राट् सिकंदर लोदी ने भी बारह हजार घुड़सेना अपने विश्वस्त सरदारों इमादुल्मुल्क और सहीद खाँ के नेतृत्व में इन विद्रोही सरदारों को भेज दी। मुजफ्फर शाह ने भी सैन्य सहायता दी।

यह संयुक्त सेना मालवा पर आक्रमण करने के लिए आगे बढ़ी तो मेदनीराय ने मालवा की सेना को युद्ध में उतार दिया और पीछे से चालीस हजार राजपूती सेना के आक्रमण से संयुक्त सेना के छक्के छुड़ा दिए। वीर मेदनीराय का कुशल नेतृत्व विजय का कारण बना।

मेदनीराय की कारगुजारियों का अंत यहीं नहीं होता है बल्कि गुजरात के चंदेरी पर विजयी आक्रमण करके विद्रोहियों के हौसलों को पस्त कर दिया। नालछा के मैदान में एक बार फिर से मेदनीराय ने संयुक्त सेना को परास्त किया। मेदनीराय के पराक्रम ने विद्रोहियों को संधि करने पर विवश कर दिया, पर यह संधि मेदनीराय के हित में नहीं थी। इन सरदारों ने धर्म के नाम पर सुलतान महमूद को ही बर्गला दिया और वह अदूरदर्शी सुलतान अपने रक्षक मेदनीराय पर ही शक करने लगा। विद्रोहियों को सफलता मिली तो वे और भी सक्रिय हो उठे और मेदनीराय की हत्या का षड्यंत्र रच दिया, जिसमें सुलतान ने सहमति दे दी। मेदनीराय पर धोखे से जानलेवा आक्रमण भी हुआ, परंतु भाग्य से वह बच गया और जान गया कि कृतघ्न सुलतान ही उसकी जान लेना चाहता है। जब यह बात मेदनीराय के राजपूत साथी सरदारों को पता चली तो वे कुपित होकर सुलतान के विरुद्ध हो गए। सुलतान अपने प्राण बचाकर भाग गया और मुजफ्फरशाह ने मालवा पर आक्रमण की तैयारी कर ली। मेदनीराय ने देखा कि विद्रोही सरदारों ने मालवा की सेना को भी अपनी ओर कर लिया है और धर्म को इस युद्ध का मुख्य कारण बना दिया गया।

मेदनीराय ने ऐसे समय में युद्ध करने की अपेक्षा कूटनीति अपनाई। उसने महाराणा साँगा से सहायता माँगी। मेदनीराय के पराक्रम से प्रभावित राणा साँगा ने उनकी सभी प्रकार से सहायता का वचन दिया। मालवा पर महमूद फिर से जा बैठा। मेदनीराय चित्तौड़ में ही राणा साँगा द्वारा प्राप्त गगरोण सहित कई परगनों पर शासन करने लगा। मेदनीराय एक वीर योद्धा था और राणा साँगा को ऐसे ही वीरों की आवश्यकता थी। उन्होंने दिल्ली पर आक्रमण करने की सारी तैयारियाँ भी कर ली थीं, क्योंकि अब दिल्ली की पठान शक्ति का ह्रास हो रहा था। सिकंदर लोदी की मृत्यु हो गई थी और दिल्ली के सिंहासन पर उसका महत्त्वाकांक्षी पुत्र इब्राहिम लोदी आसीन हुआ था। साँगा का विचार था कि इब्राहिम लोदी अभी अनुभवहीन

शासक है, जिसे आसानी से परास्त करके दिल्ली को विजित किया जा सकता है।

इधर इब्राहिम लोदी ने नया-नया शासन सँभाला था तो उसके सामने बहुत-सी चुनौतियाँ थीं। सुलतान सिकंदर लोदी के समय से ही इब्राहिम लोदी ने इन विद्रोहियों का दमन कर दिया और कुछ बचे विद्रोही भाग खड़े हुए। इसी बीच उसके गुप्तचरों ने खबर दी कि मेवाड़ का राणा साँगा दिल्ली पर आक्रमण करने की योजना बना रहा है। इब्राहिम लोदी के क्रोध का ठिकाना न रहा और उसने विशाल फौज लेकर मेवाड़ पर आक्रमण की घोषणा कर दी। पठान सेना मेवाड़ की ओर बढ़ चली।

□

इब्राहिम लोदी की पराजय

महाराणा साँगा को अफगानी सेना के आक्रमण की सूचना मिल गई थी तो उन्होंने तत्काल राजपूत सरदारों की बैठक बुलाई। वीर मेदनीराय भी इस बैठक में थे। महाराणा ने गंभीरता से वार्त्तालाप आरंभ किया।

''हमारे राजपूत सरदारों, एक समय था जब अजमेर के वीर राजा पृथ्वीराज चौहान ने राजपूत साम्राज्य का विस्तार किया था। उनके बाद से हिंदूशाही का निरंतर पतन हुआ है और मेवाड़ को छोड़कर किसी ने भी विदेशी शक्तियों को जवाब नहीं दिया।'' महाराणा बोले, ''दिल्ली की गद्दी पर बहुत समय से हिंदू सम्राट् नहीं बैठा। हमने इन विदेशी साम्राज्यों को भारत से खदेड़ने का स्वप्न देखा है।''

''आपके इस स्वप्न को पूरा करने के लिए हम अपने प्राणों की बाजी लगा देंगे। जितना भी युद्ध करना पड़े, हम करेंगे।'' मेदनीराय ने दृढता से कहा।

''हमें ऐसे ही संकल्प वाले वीर राजपूतों का साथ चाहिए। दिल्ली का नया-नवेला अफगान सम्राट् मेवाड़ को विजित करने का स्वप्न देखता आ रहा है। जो काम उसके अनुभवी और वीर पिता से न हुआ, उसे वह कल का लड़का करने की इच्छा रखता है। विडंबना यह है कि वह अपना बल आजमाने मेवाड़ की धरती पर आ रहा है। अब हम उस सुलतान को दिखाएँगे कि सिंहों की माँद में घुसकर शिकार करने का दुस्साहस करना कितना घातक सिद्ध होता है?''

''हमारे गुप्तचरों ने बताया है कि दिल्ली से बहुत बड़ी सेना मेवाड़ की ओर चली आ रही है।'' एक राजपूत सरदार ने कहा।

''इसे इस परिप्रेक्ष्य में न लो सरदार पूर्ण सिंह! इसे यह कहकर समझो कि हमारी तलवारों को ज्यादा-से-ज्यादा रक्त पीने का अवसर मिलेगा। जितने अधिक शत्रु होंगे, उतना ही शिकार का आनंद बढ़ेगा। हमारी सेनाएँ तैयार हैं और हमें आज सायं को ही प्रस्थान करना है, जिससे हम शत्रुदल को राजपूताने की रेत में घेरकर मार सकें।''

"महाराणा साँगा की जय!"

सभी सरदारों ने समवेत जयघोष किया और अपनी-अपनी तैयारी करने लगे। सायं होने तक मेवाड़ की राजपूती सेना सज-धजकर रणभूमि की ओर चल पड़ी। महाराणा साँगा के नेतृत्व में उस राजपूती सेना में विचित्र सा जोश था, जिससे सब दिशाएँ गूँज रही थीं।

जब यह सेना घड़ौती सीमा पर खातौली गाँव के समीप पहुँची तो इब्राहिम लोदी की सेना से उसका सामना हो गया। दोनों सेनाओं के शिविर लग गए और प्रातः होने की प्रतीक्षा की जाने लगी। दोनों खेमों में युद्ध की व्यूह रचना हो रही थी। महाराणा साँगा ने चौतरफा युद्ध की व्यूह नीति का समर्थन किया।

सवेरा होने पर युद्ध का बिगुल बज उठा और दोनों ओर से सेनाएँ आपस में भिड़ गईं, मगर राजपूत-व्यूह ने चारों ओर से अफगानी सेना को घेर लिया और भीषण मारकाट मचा दी। बीच मैदान में महाराणा साँगा और मेदनीराय जैसे वीर योद्धा अफगानों की कठिन परीक्षा ले रहे थे। उनकी तलवार ने जो विध्वंस मचाया, उसे देखकर उनके कलेजे काँप उठे। महाराणा साँगा तो जैसे साक्षात् कालरूप ही हो गए थे। उनकी तलवार से रक्त उड़-उड़कर जा रहा था और उसी अनुपात में शत्रुओं के सिर कट-कटकर उछल रहे थे। मेदनीराय भी पीछे नहीं थे। सलूंबर के रावत राजा रतन सिंह का कौशल भी दर्शनीय था। मेड़ता नरेश राजा वीरमदेव भी एक मोर्चे पर अपनी तलवार की प्यास बुझा रहे थे। इस चौतरफा व्यूह ने अफगानों के भागने के भी सारे रास्ते बंद कर दिए थे। शाम ढलते-ढलते दिल्ली सेना के होश फाख्ता हो गए थे और उसके सैनिक बचने के रास्ते खोजने लगे थे। ऐसे भयानक युद्ध लड़ने की उन्हें आशा भी न थी।

अकस्मात् एक विष बुझे तुर्क तीर ने राणा साँगा की बाईं भुजा के कवच को भेद दिया और इसकी तीव्र पीड़ा से राणा तिलमिला उठे। तभी बाएँ पैर में भी जंघा के निकट एक तीर आर-पार हो गया। मेदनीराय ने देखा तो तत्काल राणा साँगा को सँभाला। शत्रु-दल अब निश्चित पराजित हो गया था और भाग खड़े होने के रास्ते खोज रहा था। राणा साँगा के घायल होने पर उन्हें यह अवसर भी मिल गया और बुरी तरह पराजित होकर इब्राहिम लोदी अपने प्राण बचाकर भाग ही निकला। उसके भागते ही अफगानी सेना भी भाग खड़ी हुई। राजपूत विजयी हुए, पर राणा साँगा घायल हो गए।

राजवैद्य ने उनका उपचार आरंभ किया। उसने देखा कि जाँघ में लगा तीर घातक तो नहीं था, परंतु उसने एक हड्डी को चीर दिया था, जबकि बाँह में लगा

तीर विषबुझा होने के कारण जानलेवा हो सकता था। राणा के प्राण बचाने के लिए कुशल वैद्य ने उस हाथ को काट डाला अन्यथा जहर पूरे शरीर में फैलने का खतरा था। अफगानों पर मिली इस विजय से मेवाड़ में उत्सव का माहौल उत्पन्न हो गया था, परंतु महाराणा के साथ हुए हादसे ने यह खुशी अधूरी कर दी। बहुत दिनों में वे स्वस्थ तो हुए, परंतु अब उनका एक ही हाथ रह गया था और लँगड़ाहट आ गई थी। महाराणा साँगा ने फिर भी हिम्मत नहीं हारी और अपने एक हाथ से भी उन्होंने नियमित तलवारबाजी का अभ्यास किया। राजपूत सरदार उस महाराणा साँगा की जीवटता को देखकर हर्ष से भर उठते और आश्चर्य में पड़ जाते।

□

महाराणा साँगा का अतुलित पराक्रम

महाराणा साँगा ने इब्राहिम लोदी को परास्त किया था। दिल्ली के सुलतान को परास्त करना बहुत बड़ी उपलब्धि थी। महाराणा ने देखा कि उनके राजपूत सरदारों को इस विजय का उत्सव मनाने की उत्कंठा तो थी, परंतु उनके घायल हो जाने से नहीं मनाया गया। उन्होंने मन-ही-मन एक निर्णय लेते हुए एक उत्सव के आयोजन की घोषणा कर दी और मेवाड़ के सभी सरदारों, सामंतों को उसमें सम्मिलित होने का निमंत्रण भेजा। निश्चित तिथि को चित्तौड़ में भव्य उत्सव का आयोजन हुआ, जिसमें सभी ने भाग लिया। सब अपने-अपने आसनों पर बैठे महाराणा साँगा के आने की प्रतीक्षा कर रहे थे। महाराणा आए तो सबने खड़े होकर उनका स्वागत किया। महाराणा ने एक हाथ उठाकर सबका अभिवादन किया, क्योंकि उनका एक हाथ तो युद्ध में आहुत हो गया था।

जब सभी सरदार बैठ गए तो महाराणा भी राजसिंहासन पर न बैठकर भूमि पर ही बैठ गए। सबको बड़ा ही आश्चर्य हुआ।

''मेरे वीर राजपूत सरदारो, आप सबके पराक्रम ने जिस प्रकार सुलतान का गर्व चूर-चूर कर किया, उसके लिए मैं आप सबका आभारी हूँ।'' महाराणा ने गंभीर स्वर में कहा, ''यह एक भव्य विजय थी, जिसका श्रेय आप सबको जाता है। इस विजय पर हमें आनंदोत्सव करना चाहिए था, परंतु हमारी अस्वस्थता के कारण ऐसा न हो सका। अब हम स्वस्थ हैं और उस विजय का उत्सव मनाने के लिए आपके साथ हैं।''

''क्षमा करें महाराज!'' राव रतन सिंह ने खड़े होकर विजयपूर्वक कहा, ''आपके ही नेतृत्व में वह भव्य विजय हुई थी और आप राजपूतों की शान हैं। आप इस मेवाड़ के महाराणा हैं और यह राजसिंहासन आपका है, फिर आप क्यों एक साधारण सामंत की भाँति भूमि पर बैठे हैं, इसका हमें आश्चर्य हो रहा है।''

"हाँ...हाँ...महाराज! हमें इसका कारण बताइए?" कई स्वर एक साथ गूँज उठे।

मेरे प्रिय सरदारो, यह राजसिंहासन मेवाड़ का मंदिर है। मेवाड़ की प्रजा का जितना विश्वास ईश्वर में होता है, उतना ही सिंहासन में। हमारी वैदिक परंपरा में दृढ आस्था यह है कि यदि मंदिर की मूर्ति का अंग-भंग या खंडित हो जाए तो उसे मंदिर में नहीं रखा जाता। मैं भी इस सिंहासन के योग्य नहीं रहा। शारीरिक विकृति के कारण मुझे इस सिंहासन पर बैठने में लज्जा प्रतीत होती है, क्योंकि विकृत शरीर का राजा सिंहासन शोभा ही बिगाड़ देता है अर्थात् मंदिर की शोभा ही विकृत लगने लगती है।"

"महाराज, यह आप क्या कह रहे हैं?" मेदनीराय ने आश्चर्य से कहा, "शारीरिक योग्यता राजसिंहासन की शर्त कैसे हो सकती है? इसके लिए नीतिवान्, योद्धा, न्यायप्रिय और प्रजावत्सल होना अनिवार्य है और हमारे महाराणा में ये सभी गुण कूट-कूटकर भरे पड़े हैं। आप इस सिंहासन से इसका यह गौरव न छीनें कि इस पर एक महान् महाराणा सदैव आसीन रहा है।"

"सरदार, राज्य के लिए सर्वांग शासक होना भी अनिवार्य है। मैं चाहता हूँ कि आप सब मिलकर इस पवित्र व महान् सिंहासन के लिए एक पूर्ण शरीर का योग्य शासक चुनें। मैं आप सभी सरदारों की भाँति अपनी क्षमता के अनुसार राज्य की सेवा करता रहूँगा।" महाराणा ने कहा, "मैं नहीं चाहता कि मेवाड़ का अधूरा शासक इस कारण निंदा का पात्र बने कि वह अपनी शासन की भूख में मेवाड़ के हितों को भूल गया। एक अपूर्ण शासक राज्य की रक्षा में भी असमर्थ हो जाता है।"

अपने महान् महाराणा की बात सुनकर सभी सरदार अश्रुपूरित नेत्रों से एक-दूसरे को देखने लगे। जिस वीर पुरुष ने अपने पराक्रम से दिल्ली के अपराजेय सुलतान को रणभूमि में जान के लाले डाल दिए थे, आज वह स्वयं को कितना असहाय और अपूर्ण महसूस कर रहा था।

"महाराज!" मेहतानरेश ने विनम्र स्वर में कहा, "रणभूमि में इसी मेवाड़ की रक्षा करते हुए आपने अपने अंगों की आहुति दी है और सारा संसार जानता है कि सिंह का एक नाखून कट जाने से उसकी आक्रामकता में कोई कमी नहीं आती। मेवाड़ की रक्षा में आप ही समर्थ होंगे, क्योंकि आपकी शिराओं में उन महान् सिसौदिया वंशी बप्पा रावल और महाराणा कुंभा का रक्त है, जिन्होंने मेवाड़ का गौरव सदैव ऊँचा रखा और उसकी रक्षा में अपने प्राणों की बाजी लगा दी। आप आज भी पूर्ण हैं। हमें तो अक्षुण्ण बनाए रखने में समर्थ हैं। आप इस सिंहासन पर

विराजिए और हमें अपने मार्गदर्शन से प्रेरित करते रहिए। रणभूमि को विजित करना है तो हम सबकी संयुक्त शक्ति और आपका मार्गदर्शन ही बहुत है।''

सभी सामंत और सरदारों ने विजयपूर्वक आग्रह करके महाराणा को राजसिंहासन पर बिठा ही दिया, फिर चित्तौड़ में जो भव्य विजयोत्सव हुआ, उसकी सूचना ने दिल्ली सम्राट् इब्राहिम लोदी के जख्मों पर जैसे नमक ही छिड़क दिया। उसकी इस पराजय ने उसे काबुल, कंधार, पार्स तक निंदित कर दिया था। उसके सैनिक अभी तक युद्ध की विभीषिका को याद करके सिहर उठते थे। अपनी पराजय से तिलमिलाया इब्राहिम लोदी अभी तक राणा साँगा का रणरूप याद करता था।

जब उसके सरदारों ने यह बताया कि अब महाराणा साँगा शारीरिक रूप से अक्षम हो चुके हैं तो उसके अंदर का प्रतिशोध जाग उठा। वह मानता था कि खातोली के युद्ध में उसकी पराजय का मुख्य कारण राणा साँगा का ही युद्ध कौशल था। उसने देखा था कि रणभूमि में राणा साँगा की तलवार बिजली की तरह चलती थी, जो उसकी सेना को गाजर-मूली की तरह काटती थी। अब जबकि राणा साँगा का एक हाथ कट गया था तो उसमें वह कौशल और सामर्थ्य कहाँ शेष बची रहेगी, जो एक पूर्ण व्यक्ति में होती है। घोड़े की रास पकड़ना और तलवार चलाना दोनों एक ही हाथ से कैसे हो सकते थे? अब विजय की संभावना बनती थी। राजपूत वीर थे, साहसी थे, युद्धप्रिय थे, पर कुशल नेतृत्व के अभाव में प्रभावी नहीं थे। इन सब बातों को सोचकर सुलतान लोदी ने बड़े पैमाने पर अपनी सेना का संगठन किया। इस बार उसने अपनी सेना का प्रधान सेनापति उस मियाँ मक्खन को बनाया, जो उसके पिता के समय अनेक युद्धों का विजेता था। अपनी सेना को उसने तीन भागों में बाँटा, जिसकी कमान अनुभवी मियाँ हुसैन खाँ जरबख्श, मियाँ खानखाना फरमुली और मियाँ माहरुफ को नियुक्त किया, जो अपने समय के प्रसिद्ध तुर्क योद्धा थे।

सन् 1518 में एक बार फिर धौलपुर के निकट दोनों सेनाओं का टकराव हुआ। आशा के विपरीत राजपूत सेना का नेतृत्व आज भी महाराणा साँगा ही कर रहे थे। अब तो यह देखना था कि युद्ध में कैसे वे अपनी अक्षमता के होते प्रदर्शन करते हैं। अनुभवी मियाँ मक्खन ने जबरदस्त व्यूह रचना की थी, परंतु साँगा भी ऐसे युद्धों की हर रणनीति को जानते थे। उन्होंने मेदनीराय को चालीस हजार राजपूतों की सेना के साथ वृत्त व्यूह के लिए रख छोड़ा था और तुर्क सेनापति को आभास तक नहीं हुआ था कि अभी राणा की सेना शेष भी है। युद्ध आरंभ हो गया। सुलतान लोदी तो राणा साँगा को देखना चाहता था, परंतु जब उसने घोड़े की लगाम दाँतों में दबाई और दाहिने, इकलौते हाथ से तलवार घुमाई तो हतप्रभ रह गया। राणा के कौशल

में कहीं कोई कमी नहीं थी। जब सैन्य-समुद्र आपस में घुल-मिलकर एक-दूसरे की जान के प्यासे हो गए तो मेदनीराय की अतिरिक्त सेना ने धावा बोल दिया। यह प्रबल आक्रमण था, जो अफगानी सेना के पैर उखाड़ने लगा। रणनीति काम कर गई। लोदी की सेना प्राण बचाकर भागने लगी तो राजपूत सेना ने बयाना तक उसका पीछा किया। हजारों तुर्क सैनिक तो भागते-भागते काट दिए गए। इब्राहिम लोदी भी जैसे-तैसे जान बचाकर वहाँ से भागा।

□

महाराणा साँगा की मालवा-विजय

महाराणा साँगा की जय-जयकार सारे मेवाड़ में गूँज रही थी। उन्होंने सिद्ध कर दिया था कि वीर पुरुषार्थ उसके आंतरिक भावों से ही शक्ति पाता है। विजय की लालसा ने उन्हें भी इस युद्ध में बड़ी शक्ति दी। उन्होंने अपने सामंत सरदारों को विश्वास दिला दिया कि अपंगता उनके लिए कोई मायने नहीं रखती और उनका रणकौशल अभी भी अद्‌भुत था। धौलपुर के भव्य युद्ध की विजय ने राजपूती गौरव को और भी सज्जित कर दिया था। इस युद्ध में लोदी की शर्मनाक हार के साथ ही राजपूत सेना ने उसके कई परगने भी मेवाड़ के अधीन कर दिए। महाराणा साँगा ने इस विजय का श्रेय मेदिनीराय को दिया और इब्राहिम लोदी से छीनी चंदेरी रियासत भी उन्हें पुरस्कार में दे दी। मेदिनीराय का वर्चस्व बढ़ा और यह समाचार मालवा के सुलतान महमूद द्वितीय को मिला तो वह तिलमिला गया। अत: उसने मेदिनीराय को मिले चंदेरी प्रदेश को छीनने का निर्णय कर दिया।

सन् 1519 में सुलतान महमूद द्वितीय ने मुजफ्फरशाह की सेना के साथ अपनी सेना इकट्‌ठी की और गागरोन पर चढ़ाई कर दी। मेदिनीराय क पुत्र भीमराज ने आक्रमण का डटकर सामना किया और पीछे से मेदिनीराय भी आ गए। दोनों पिता-पुत्र बड़ी वीरता से पुरस्कार में मिली अपनी रियासतों की रक्षा में अपने प्राणों की बाजी भी लगाने को आतुर थे। इस युद्ध की सूचना महाराणा साँगा को मिली तो उन्होंने तत्काल अपनी सेना ले जाकर मेदिनीराय को सहायता दी।

जब राणा साँगा युद्धभूमि में आ गए तो मेदिनीराय का साहस तो अपने आप ही दोगुना हो जानेवाला था। अब उन्हें कोई चिंता नहीं रह गई थी। राणा साँगा की उपस्थिति और उनके युद्धरत रहने से तो एक-एक राजपूत सैनिक में प्रेरणा और उत्साह बढ़ता था। शीघ्र ही सुलतान महमूद को पता चल गया कि उसने क्रोध में गलत निर्णय ले लिया था। अब स्थिति यह बन गई थी कि कहाँ तो महमूद जीत

के लिए आया था और कहाँ अब उसे अपनी जान बचाने की चिंता सताने लगी। उसका सेनापति आसफ खाँ बुरी तरह घायल हो गया था और स्वयं उसकी दशा भी चिंताजनक थी।

''मैदान छोड़ दो।'' सुलतान महमूद को कहना ही पड़ा। इस तरह तत्काल ही बची-खुची सेना बच निकलने के रास्ते खोजने लगी और सुलतान महमूद भी इसी चक्कर में था, लेकिन वह उस समय सन्न रह गया, जब राणा साँगा की तलवार ने उसकी गरदन को स्पर्श कर लिया था।

सुलतान महमूद सूखे पत्ते की भाँति काँप उठा। उसकी आँखों में याचना के भाव उतर गए। सुलतान को बंदी बना लिया गया। मालवा पर राणा साँगा का अधिकार हो गया।

युद्ध में सुलतान महमूद बुरी तरह जख्मी हो गया था और हार के साथ जख्मों की पीड़ा से वह बार-बार बेहोश होने जैसी स्थिति में चला जाता था। महाराणा ने उसकी यह दीन दशा देखी तो द्रवित हो उठे। भले ही वह शत्रु था, लेकिन था तो इनसान ही। महाराणा मानवता के प्रबल पक्षधर थे और इसे वैश्विक धर्म के रूप में देखते थे। इसलिए उन्होंने अपने राजवैद्यों से सुलतान का समुचित उपचार करने को कहा।

महमूद को तो अपने जीवन की आशा ही नहीं थी, लेकिन महाराणा की दयालुता ने उसके मन को झकझोर दिया। जब उसने देखा कि उसे बंदी बनाकर भी एक अतिथि की भाँति उसका सेवा-सत्कार किया जा रहा है तो वह मन-ही-मन महाराणा की प्रशंसा कर उठा। अगले तीन माह में वह पूर्ण स्वस्थ हो गया था। महाराणा प्रतिदिन उसका हालचाल पूछने आते और बड़े प्रेम से उससे वार्त्तालाप करते।

एक दिन महाराणा ने सुलतान के समक्ष मित्रता का प्रस्ताव रखा तो सुलतान ने गद्गद होते हुए कहा, ''यह तो मेरी खुशनसीबी है महाराणा! मैं आपसे वादा करता हूँ कि मैं हमेशा आपका विश्वासपात्र बनकर रहूँगा।''

''यदि आप ऐसा कर सकते हैं तो मैं आपको मालवा का आधा राज्य देता हूँ, परंतु राजनीतिक कारणों से इसमें एक शर्त होगी।''

''मुझे आपकी यह शर्त मंजूर है।''

सुलतान महमूद बंदी तो पहले भी नहीं था, लेकिन अब उसे कारागार से बाहर लाया गया। उसे आदर सहित दरबार में बिठाया गया, जहाँ उसने महाराणा की अधीनता स्वीकार करते हुए मालवा का सुलतानी चिह्न रत्नजड़ित मुकुट और

कमरपेटी महाराणा को सौंप दी। फिर महाराणा ने उसे आधा राज्य देने की घोषणा करके राजधानी मांडू उसे सौंप दी। सुलतान महमूद ने भी शर्त निभाते हुए अपने एक पुत्र को चित्तौड़ में छोड़ दिया।

यह महाराणा की मानवतावादी विजय तो थी ही, साथ ही साथ यह राजनीतिक विजय भी थी। अब मालवा पूरी तरह उनके अधीन था। सुलतान महमूद ने झूठा वादा नहीं किया था, जैसा कि कुछ राजपूत सरदारों ने आशंका जताई थी, उसने महाराणा के प्रति वफादार रहने का सबूत देते हुए सबसे पहले मालवा से मुजफ्फरशाह की सेनाओं को भगाया और अपने सरदारों को कड़ा दंड दिया, जो आज भी मेवाड़ पर आक्रमण करने की सलाह देते रहते थे।

महाराणा साँगा के कारण ही सुलतान महमूद एक गंभीर और प्रजा के हित में सोचनेवाला शासक बन गया था। हालाँकि इस बात से गुजरात का शासक मुजफ्फरशाह महमूद पर रुष्ट भी हुआ, लेकिन अब राणा साँगा का कृपापात्र बने सुलतान महमूद ने उसका कोई भय नहीं माना।

□

महाराणा साँगा की गुजरात विजय

सन् 1520 तक महाराणा साँगा की कीर्ति दूर-दूर तक फैल गई थी और इसमें उनकी दूरदर्शिता और कूटनीति का बड़ा योगदान रहा। उन्होंने राजपूतों की शक्ति को संगठित करने के लिए वैवाहिक संबंधों को वरीयता दी। स्वयं उन्होंने 28 विवाह किए और 27 राजपूतों (राजाओं) की न केवल मित्रता पाई, बल्कि उनकी सैन्य शक्ति का भी प्रयोग मेवाड़ के हित में किया। मेड़ता के राव वीरमदेव के छोटे भाई राव रत्नसिंह की पुत्री मीराबाई का विवाह राणा साँगा के ज्येष्ठ पुत्र भोजराज से हुआ था। इस प्रकार महाराणा साँगा ने व्यक्तिगत संबंधों को भी मेवाड़ की प्रगति के लिए स्थान दिया। उनके मित्र और संबंधी राजपूत राजा उनका गुणगान करते न थकते थे। मेवाड़ के भाट और चारणों ने तो महाराणा की प्रशंसा में काव्य तक रच डाले थे, जिन्हें वे किसी भी दरबार में जाकर सुनाते और पुरस्कार पाते थे।

ऐसे ही एक बार भाट महाराणा की प्रशंसा करता हुआ इस परगने से उस परगने घूम रहा था और धन एकत्र कर रहा था। यही भाट एक दिन गुजरात में अहमदाबाद पहुँच गया, जहाँ सुलतान मुजफ्फरशाह का दरबार सजा हुआ था। भाट ने इनाम की अपेक्षा में अपना सराहनीय काव्य सुना दिया, जो महाराणा साँगा की वीरता और दयालुता की प्रशंसा में रचा गया था। इस प्रशंसा-पद को सुनकर सुलतान मुजफ्फरशाह क्रोध से भाट को देखने लगा, जो भय से सहम गया।

उसी दरबार में सुलतान का नया हाकिम मलिक हुसैन बहमनी भी बैठा था, जो गुजरात भर में अपनी वीरता के लिए प्रसिद्ध था। उसने सुलतान की तनी भृकुटि देखी और भाट को फटकारने लगा।

"बदअमल भाट! मेरी हिम्मत कैसे हुई सुलतान के दरबार में दुश्मन की तारीफ करने की, उस अपाहिज और एक आँखवाले राणा की, जिसे हमारा एक सिफती भी धूल चटा दे। अरे, अगर वह इतना ही बहादुर है तो हमसे रायमल की

रक्षा करके दिखाए। अपने उस अपाहिज राजा से कह दे कि मलिक हुसैन बहमनी अब सुलतान का हाकिम है और रायमल का सिर जल्दी ही कलम होगा।''

मलिक हुसैन बहमनी की यह बात सुनकर भाट की त्योरी तो चढ़ी, लेकिन वह राणा साँगा तक इस बात को पहुँचाना चाहता था, अतः उसने क्रोध पर काबू रखा और वहाँ से चित्तौड़ लौट आया। उसने चुनौती को दोहराया। महाराणा का क्रोध उबल आया और बहमनी की अभद्रता की भुजाओं का बल मापने की इच्छा से राजपूत सेना गुजरात की ओर मोड़ दी।

जब मुजफ्फरशाह को पता चला कि राणा साँगा के नेतृत्व में विशाल राजपूत सेना मलिक हुसैन बहमनी पर आक्रमण करने आ रही है तो वह चिंतित हो उठा। उसने अपनी सेना तो बहमनी की मदद के लिए भेज दी, लेकिन स्वयं रणभूमि में जाने के नाम पर हिचक गया। उसे राणा साँगा से एक ही भय था कि कहीं वह उसे भी बंदी बनाकर मालवा के सुलतान की तरह विवश न कर दे। यह सोचकर मुजफ्फरशाह चला गया।

इधर क्रोध में भरे राणा साँगा अपने चालीस हजार राजपूत सैनिकों के साथ बागड़ आ पहुँचे थे, जहाँ उनका साथ देने के लिए डूँगरपुर के रावल सिंह, जोधपुर के राव गंगा और मेड़ता के राव वीरमदेव भी अपनी-अपनी सेना के साथ आ पहुँचे थे।

राणा साँगा को पता चला कि बहमनी के नेतृत्व में तुर्क सेना ने ईडर घेर लिया है और रायमल संकट में है तो वह बागड़ से ईडर की ओर चल पड़े। भयंकर युद्ध आरंभ हो गया और बहमनी युद्ध के मैदान से भाग गया। वह अहमदनगर के किले में जाकर छुप गया। महाराणा साँगा ने पहले तो ईडर को पूर्णतया सुरक्षित किया और रायमल को सांत्वना दी कि वह तनिक भी न घबराए। इसके बाद उन्होंने बहमनी का पीछा किया। जब राणा साँगा ने अहमदनगर किले को घेर लिया तो बहमनी चिंतित हो उठा। उसकी इस घबराहट को देखकर अहमदनगर के हाकिम ने उसे ढाढ़स बँधाया—''घबराइए मत हुजूर, यहाँ आप महफूज हैं। राजपूत कितने भी बहादुर हों, लेकिन किले में दाखिल नहीं हो सकते। यहाँ का फाटक इतना मजबूत है कि इसे तोड़ना मुश्किल है।''

बहमनी को विश्वास तो नहीं हो रहा था, लेकिन और उपाय भी क्या था?

उधर राणा साँगा ने किले की मजबूती को परखा तो मानना पड़ा कि वह अभेद्य और सुरक्षित किला था। फाटक की अतिरिक्त सुरक्षा से उसे तोड़ना बहुत ही कठिन कार्य था। पूरा दिन युक्ति सोचने में ही व्यतीत हो गया था। उस रात बहमनी को लगा कि उसने एक सुरक्षित जगह पर शरण पाई है। राजपूती सेना कितने

दिन किले का घेरा डाल पाएगी? आखिर एक दिन तो उसे यहाँ से लौटना पड़ेगा।

राणा साँगा भी इसी बात पर विचार कर रहे थे।

''यह कठिन समस्या है। बहमनी को छोड़ना हमें स्वीकार नहीं और किले को तोड़ना आसान नहीं लग रहा है। इस प्रकार कब तक घेरा डाले रहेंगे?

''इस फाटक की नुकीली कीलों से हाथी की टक्कर भी कारगर नहीं।''

अचानक ही एक घटना घटी। एक राजपूत युवक कान्हा उस फाटक की कीलों से सटकर खड़ा हो गया था और हाथी ने आगे बढ़कर टक्कर मारी। कान्हा का शरीर कीलों में जा धँसा और हाथी टक्कर मारता रहा। आखिकार फाटक टूट गया। राणा साँगा ने उस वीर राजपूत युवक की मुक्तकंठ से प्रशंसा की और उसके बलिदान को राजपूत जाति का आदर्श कहा। जिस कौम में ऐसे राजभक्त हों, उसकी विजय-यात्रा अनवरत रहती है। राजपूती सेना किले में घुस गई और भीषण युद्ध छिड़ गया। बहमनी ने वीरता से राजपूत सैनिकों का सामना किया और मारा गया।

अहमदनगर राजपूतों के अधीन हो गया। इसके बाद विजयी सेना ने बड़नगर का घेरा डाला, लेकिन राणा साँगा को ज्ञात हुआ कि वहाँ ब्राह्मण अधिक थे तो आगे बढ़ चले। उन्होंने आगे बीसलनगर पर धावा बोल दिया और उसे भी अपने अधिकार में ले लिया। राणा साँगा ने गुजरात के बहुत से किलों को इसी अभियान में अपने अधीन कर लिया था और इन विजयों से उन्हें बहुत सारी धन-दौलत की प्राप्ति हुई। गुजरात विजय का भव्य उत्सव मनाया गया।

□

मलिक अयाज की निराशा

सुलतान मुजफ्फरशाह को राणा साँगा और राजपूत सेना द्वारा गुजरात में चलाए गए विजय-अभियान की क्षण-प्रतिक्षण सूचना मिलती रही और वह अंगारों पर लोटता रहा। उसका कोई भी हाकिम राजपूत के सामने ठहर नहीं पाया था। गुजरात की संपन्नता बोरों में भरकर मेवाड़ ले जाई गई और उजड़े हुए किले सुलतान को चिढ़ा रहे थे। उसने उसी क्षण संकल्प लिया कि वह चित्तौड़ की ऐसी ही दशा करेगा। उसने तैयारियाँ आरंभ कर दीं। अपनी सेना को संगठित किया और सभी सैनिकों को एक साल का अग्रिम वेतन दिया। उसकी इस विशाल सेना में एक लाख घुड़सवार, सौ हाथी और बड़ा तोपखाना भी था। बीस हजार की संख्या में अतिरिक्त सेना भी रखी। इस विशाल सेना का नेतृत्व उसने अपने जाँबाज सेनापति अयाज मलिक को सौंपा। दिसंबर 1520 ई. में यह सेना चित्तौड़ की ओर बढ़ चली। ऐसा लगता था कि यह सैन्य-समुद्र मेवाड़ को लील जाएगा। इस तुर्क सेना ने डूँगरपुर को उजाड़कर अपनी मंशा स्पष्ट कर दी थी। बाँसवाड़ा भी इनके निर्दयी प्रहार से न बच सका। सुलतान ने यहीं पर बस नहीं की। निश्चित विजय के लिए वह और भी सेना खोजता रहा।

तुर्क सेना प्रबल वेग से मालवा के मंदसौर किले की ओर बढ़ चली थी, परंतु अब तक महाराणा साँगा अपनी सेना लेकर चित्तौड़ से निकल चुके थे। उनकी विशाल राजपूती सेना नांदसा के मैदान में आकर तुर्क सेना से भिड़ गई और भीषण युद्ध आरंभ हो गया। सांख्य बल में तुर्क अधिक थे, पर राजपूत नीति भी इसी के अनुसार चलती थी। पीछे से मेदनीराय आ पहुँचा और राजपूत सेना भारी पड़ने लगी। ऐसा लगने लगा कि वहाँ रक्त की नदी ही बहने लगेगी। तुर्क सेनापति मलिक अयाज समझ नहीं पा रहा था कि वह किस व्यूह से राजपूतों पर दबाव बनाए। यह युद्ध कई दिनों तक चलता रहा और तुर्क सेना निरंतर कम होती रही, जबकि राजपूती

सेना में प्रतिदिन कोई–न–कोई फौज आकर जुड़ती जा रही थी। मलिक अयाज ने ऐसी स्थिति में मालवा के सुलतान महमूद से जाकर मदद माँगी।

''हुजूर! मंदसौर में हमारी फौज राजपूत सेना को कड़ी टक्कर दे रही है और फिर भी राजपूत सेना की गिनती रोज बढ़ती है। हमारे सुलतान ने सैनिकों को एकत्र कर–कर के लगभग सारी फौज इस युद्ध में झोंक दी है।'' मलिक अयाज ने कहा, '' अब आप भी मदद कर दें तो हमें जीत की उम्मीद है। आपकी सेना पहुँचने से हमारा बाहरी घेरा मजबूत हो जाएगा।''

''मलिक अयाज, हम महाराणा के खिलाफ युद्ध न करने को वचनबद्ध हैं। हमने उनसे मित्रता की है और वादा किया है कि उनके साथ विश्वासघात नहीं करेंगे। तुम्हें तो आना ही नहीं चाहिए था।''

''हुजूर, आप भूल रहे हैं कि हमारे सुलतान ने इसी महाराणा के खिलाफ आपकी भरपूर मदद की थी। यह कौम की इज्जत है। सब राजपूत एक हुए जा रहे हैं और हममें फूट पड़ रही है। यह तो कौम की सलामती के लिहाज से अच्छा नहीं है।''

''इससे पहले हमारी संयुक्त सेना भी महाराणा के सामने हारकर भाग गई है। मलिक अयाज, उस शख्स पर खुदा की मेहर है। पराजय उसके लिए नहीं बनी। जब दिल्ली सम्राट् ने उसका कुछ नहीं बिगाड़ा तो हम–तुम क्या कर सकते हो? अब जब तक हम तुर्कों को उससे भी बेहतर नेतृत्व नहीं मिल जाता, तब तक उस पर जीत का सपना भी देखना ठीक नहीं।''

''आप अपनी सेना तो भेजिए। जीत तो तब देखिए।''

युद्ध की स्थिति से हम अनजान नहीं हैं, अयाज मलिक! हमारे गुप्तचर हमें हर पल की खबर देते हैं। जीत तो दूर की बात है, अगर यह युद्ध कुछ दिन और चला तो तुर्क की आबादी ही खतरे में पड़ जाएगी। अगर जीत की जरा भी संभावना होती तो सुलतान मुजफ्फरशाह बेगड़ राजधानी में बैठे पान का बीड़ा न चबा रहे होते। राजपूतों पर विजय का सेहरा मलिक अयाज को लेने न भेज देते। बेहतर यही होगा कि महाराणा से संधि कर लो और जो सेना बची है, उसे और भी संगठित करके उचित समय का इंतजार करो।''

''हुजूर, आप तो पहले ही हार माने बैठे हैं।''

''इसमें शक भी क्या है? तीन माह तक र।जा का बंदी रहा हूँ, तब जाकर समझ आई है कि कुछ लोग केवल जीतते हैं। महाराणा भी उन्हीं में से एक हैं।''

''आप हमारी कोई मदद नहीं करेंगे?''

"क्यों नहीं करूँगा, मैं मालवा का सुलतान हूँ। कौम की मदद करना मेरा धर्म है, पर मदद तो वह हो न, जो किसी के काम आए। तुम्हारी फौज के लिए रसद भेज सकता हूँ। लड़ने के लिए हथियार भेज सकता हूँ।"

"पर सेना नहीं भेज सकते?"

"मलिक अयाज! मालवा की सेना मेरी नहीं, महाराणा की ही है। मैं तो इस सिंहासन पर उस महाराणा का कृपापात्र बन बैठा हूँ। मेरे पास वह सुलतानी ताज नहीं, वह कमरपेटी नहीं जो आज से पहले मालवा के सुलतान की पहचान थी। मालवा तो महाराणा की ही जागीर है, जिसका मैं हाकिम बना दिया गया हूँ। मेरा फरजंद इसी हाकिमी के एवज में मेवाड़ में गिरवी रखा है। यह भी क्या कम है कि महाराणा ने मुझे युद्ध में आने का आदेश नहीं दिया। अन्यथा मुझे आना होता और अपने ही तुर्क भाइयों के खून से खेलना पड़ता। महाराणा का मैं तो यह भी अहसान मानूँगा कि उन्होंने मुझे ऐसे धर्मसंकट में नहीं डाला।

"मैं बड़ी उम्मीद से आया था हुजूर सुलताने-आली को पता चलेगा तो आपसे बहुत ही खफा होंगे। आपने पुराने रिश्ते का भी मुलाहिजा न किया।"

"कौन कहता है कि नहीं किया? अगर न करता तो मैं महाराणा का हाकिम मलिक अयाज को बंदी बनाकर उन्हें न सौंप देता, जिससे खुश होकर वे मुझे बाकी मालवा भी इनाम में दे देते।"

मलिक अयाज हड़बड़ाकर रह गया। यह तो उसने सोचा ही नहीं था। मालवा का सुलतान अब महाराणा के गीत गा रहा था और पहले से काफी ज्यादा समझदार भी हो गया था, अपने फायदे के लिए वह ऐसा भी कर सकता था।

"ठीक है हुजूर! अब इस कौम का खुदा ही मालिक है। जब आप जैसे सुलतान ही महाराणा के मुरीद हो गए तो फिर राजपूत साम्राज्य के विस्तार को कौन रोक सकता है?" मलिक अयाज ने कहा, "हम तो सेनापति हैं, लड़ते रहेंगे।"

"जब हार सामने खड़ी हो तो लड़ते रहने में भी क्या फायदा, मेरी मानो, सुलह कर लो और समय का इंतजार करो। अपने सुलतान से कहो कि ऐसी जंग लड़ते रहना तो कौम का विनाश करना है। हमेशा तो कोई नहीं जीतता। कभी तो महाराणा भी थकेगा, तब देखेंगे।"

मलिक अयाज मायूस लौटा और अगले दिन के युद्ध में तो उसे स्पष्ट दिखाई पड़ गया कि महमूद खिलजी ने सब सच कहा था। तुर्क सेना अब युद्ध में जाने के नाम से घबरा रही थी, जबकि राजपूत सेना के साथ आज भी रायसेना के हाकिम सिलहद्दी की दस हजार की सेना आ जुड़ी थी। अयाज को अब संधि के अलावा

कोई विकल्प नजर न आया। उस बची-खुची तुर्क सेना को भी वहाँ खपा जाने से क्या फायदा था? उसने उसी रात महाराणा के पास सुलह का संदेश भेज दिया, जिसे महाराणा ने स्वीकार भी कर लिया। अगली सुबह गुजरात की करारी हार के बाद युद्धविराम हो गया। मलिक अयाज अपनी बची सेना लेकर गुजरात लौट गया। उसे अपनी सेना में ताज खाँ, किवामुलमुल्क, हसवत खाँ जैसे वीर तुर्क अब दिखाई नहीं दे रहे थे। जिस अनगिनत सैन्य समुद्र को लेकर वह युद्ध करने आया था, वह अब तालाब की तरह लगता था, जिसकी गिनती वह आसानी से कर सकता था।

वह जब निराश, पराजित मुजफ्फरशाह के सामने पहुँचा तो सुलतान ने उसे हेय दृष्टि से देखा और भरे दरबार में उसे यही कहा—

"बुजदिल!"

मलिक अयाज की गरदन झुकी-की-झुकी रह गई।

□

बाबर के विरुद्ध अभियान की योजना

1519-20 में महत्त्वाकांक्षी मुगल शासक बाबर के कदम पश्चिमोत्तर भारत में पड़े थे। बाबर तुर्क जाति के चगताई वंश का महत्त्वाकांक्षी योद्धा था, जिसकी रगों में पिता की ओर से तैमूर की पाँचवीं पीढ़ी और माता की ओर से चंगेज खान की चौदहवीं पीढ़ी का रक्त था। 14 फरवरी,1483 को फरगना में जन्मे बाबर ने मात्र 11 वर्ष की उम्र में समरकंद को जीतकर अपने इरादे जाहिर कर दिए थे। सन् 1504 में उसने काबुल जीता और यहीं से उसके मन में भारत में अपना साम्राज्य स्थापित करने की ललक जागी।

बाबर ने 1519 में भारत में अपना पहला अभियान आरंभ किया, जिसमें उसका सामना युसुफजई लोगों से हुआ। बाबर ने पहली सफलता के तौर पर बाजोए और भेरा पर अधिकार कर लिया। मंगोल लड़ाके और तोपखाने उसकी बड़ी शक्ति थे। इसी वर्ष उसने पेशावर को जीत लिया और अगले ही वर्ष सैयदपुर उसके अधीन हो गया। बाबर की गूँज पश्चिमोत्तर भारत में सुनाई देने लगी थी। उसकी सेना और तोपखाने की चर्चा होने लगी थी।

यही वह समय था, जब दिल्ली के शासक इब्राहिम लोदी और लाहौर के गवर्नर दौलत खाँ के बीच राजनीतिक मतभेद चल रहे थे। दौलत खाँ ने जब बाबर की शक्ति और महत्त्वाकांक्षाओं को जाना तो उसने इब्राहिम लोदी के खिलाफ बाबर से ही सहायता माँग ली। यह बाबर जैसे दूरदर्शी योद्धा के लिए आदर्श स्थिति थी। उसे तो ऐसा कोई कंधा चाहिए था, जिस पर रखकर उसकी तोपें चलाई जा सकें और भारत-विजय का मार्ग प्रशस्त हो। बाबर का भाग्य भी कम बुलंद नहीं था, क्योंकि दिल्ली सल्तनत में उसे एक घर का भेदी भी मिल गया था। यह इब्राहिम लोदी का चाचा आलम खाँ था, जो दिल्ली के सिंहासन को प्राप्त करना चाहता था।

बाबर को ऐसे अवसर मिलते जा रहे थे तो वह अपने उद्देश्य में असफल कैसे

होता? उसने अपने हजार मंगोल सैनिकों के साथ दिल्ली पर आक्रमण कर दिया, लेकिन इब्राहिम लोदी की सेना ने उसे बुरी तरह खदेड़ा। यहाँ तक कि उसे पंजाब से भी बाहर कर दिया। अब बाबर ने पंजाब को ही अपने कब्जे में करना चाहा। उसने 1524 में भेरानगर भेज दिया, फिर उसने आलम खाँ को भी पकड़ लिया और पंजाब पर अपना अधिकार कर लिया। यहाँ बाबर ने दिल्ली-विजय की योजना बनाई।

बाबर ने बड़े धैर्य से दिल्ली की शक्ति का जायजा लिया और अपनी तैयारी करता रहा। उसने सत्तर हजार सैनिक की विशाल सेना एकत्र कर ली थी और उसका वीर पुत्र हुमायूँ भी उसके साथ था। अपनी महत्त्वाकांक्षी योजना के प्रथम चरण में बाबर को दिल्ली पर आक्रमण का हुक्म दिया। यह सेना 12 अप्रैल, 1526 को पानीपत के मैदान में पहुँच गई। इसी दिन इब्राहिम लोदी भी अपनी सेना लेकर मैदान में आ डटा। इसके बाद भी अगले दस दिन तक युद्ध नहीं हुआ। 21 अप्रैल को भीषण गर्जना के साथ दोनों सेनाएँ भिड़ गईं, लेकिन युद्ध का निर्णय दोपहर में तभी हो गया, जब दिल्ली का सम्राट् इब्राहिम लोदी मारा गया। बाबर को बड़ी सफलता मिली।

इस युद्ध में बाबर को बहुत सा धन भी मिला, जिसे उसने अपनी सेना में बाँट दिया। इस प्रथम भारत-विजय पर झूमते बाबर ने अपने देश काबुल के प्रत्येक नागरिक को चाँदी का एक-एक सिक्का दिया। उसे लोगों ने 'कलंदर' की उपाधि से नवाजा। बाबर दिल्ली के सिंहासन पर बैठा और मुगल सल्तनत की दीर्घकालीन नींव पड़ गई। पानीपत की विजय से बाबर ने अफगानों की शक्ति क्षीण कर दी थी और धीरे-धीरे अफगानों से आगरा तक के सारे क्षेत्र छीनकर अपने अधिकार में कर लिए थे, फिर वह अपनी विशाल फौज के साथ बयाना की ओर बढ़ा, जो राजनीतिक दृष्टि से एक महत्त्वपूर्ण किला था। यह किला इस समय महाराणा साँगा के अधीन था, जिसका हाकिम निजाम खाँ था।

बाबर को दिल्ली में ही महाराणा साँगा और राजपूत सेना के विषय में पता चल गया था और वह मानता था कि उसके भारत-विजय अभियान की सबसे बड़ी बाधा चित्तौड़ ही बनेगा। वह महाराणा साँगा की कूटनीति से तब परिचित हो गया था, जब लाहौर-विजय के पश्चात् उसे महाराणा के दूत द्वारा दिल्ली आक्रमण के समय सहायता का आश्वासन तो दिया, लेकिन सहायता नहीं दी गई। बाबर जान गया कि महाराणा साँगा अफगान शक्ति को क्षीण करके दिल्ली पर शासन करने का इच्छुक था, लेकिन शासन तो स्वयं बाबर करने आया था। वह भी समूचे भारतवर्ष पर! राजपूताने पर और मेवाड़ पर भी।

बाबर ने बयाना को जीतने से पहले महाराणा साँगा की शक्ति के विषय में पूरी जानकारी ले ली थी। उसे पता चल गया था कि राजपूती सेना में इस समय गजब का

संगठन है और महाराणा साँगा अपाहिज होने के बाद भी इतना पराक्रमी है कि एक पूरी सैन्य टुकड़ी का सामना करने में सक्षम है। यद्यपि उसके पास भी विशाल सेना थी, लेकिन वह सेना युद्ध नहीं लड़ना चाहती थी, जिससे उसे भारत-विजय अभियान को पराजय का दंश सहना पड़े। उसे बयाना तो हर हाल में ही चाहिए था तो उसने कूटनीतिक चाल चली। उसने बयाना के हाकिम निजाम खाँ से भेंट की और उसे अपनी ओर मिला लिया; आलिम खाँ को भी अपने साथ कर लिया।

वास्तव में बाबर ने निजाम खाँ को आश्वस्त नहीं पाया था और उसे लग रहा था कि वह महाराणा के विरुद्ध बाबर का साथ पूरे मन से नहीं देगा, इसलिए बाबर ने यह दोहरा इंतजाम किया था। निजाम खाँ अभी तक असमंजस में था। कभी उसे लगता कि बाबर का साथ देने में लाभ है और कभी महाराणा का वफादार बने रहने में। अंततः अपने जमीर की बात मानकर वह महाराणा से ही मिला।

महाराणा साँगा जानते थे कि एक दिन बाबर की महत्त्वाकांक्षा का सामना राजपूती महत्त्वाकांक्षा को करना ही होगा। पिछले छह साल से बाबर सुर्खियों में था और राणा साँगा उस संभावित शत्रु पर पैनी नजर रखे हुए थे। उन्होंने इसीलिए अपना दूत बाबर के पास भेजा था कि वह भारत को लूटकर भागने के लिए नहीं आया, बल्कि यहाँ टिककर मुगल साम्राज्य की स्थापना करने के लिए आया है। महाराणा को तभी पता चल गया कि राजपूत साम्राज्य को एक प्रबल शत्रु का सामना करना ही पड़ेगा।

''महाराणा, बयाना संकट में है।'' निजाम खाँ ने कहा, ''मुगल योद्धा बाबर किसी भी तरह अपने विजय अभियान को बढ़ाना चाहता है। उसने मुझे भी अपनी बातों में उलझाकर भ्रमित कर दिया कि आपसे विश्वासघात करूँ। खुदा का शुक्र है कि वक्त रहते अक्ल आ गई कि मैंने आपका साथ देने का संकल्प किया।''

''अच्छा किया निजाम खाँ! जीत और हार तो राजनीतिक सत्ता के दो पहलू हैं। इनमें तो शासकों को जूझते ही रहना है। जो हार जाता है, वह जीतने के प्रयास करता है और जो जीत जाता है, वह फिर जीतने के प्रयास करता है, पर जो वफादारी और विश्वास मर जाता है तो हार-जीत फीकी पड़ जाती है।''

''यही बात मेरे दिल में भी आई थी।'' निजाम खाँ ने कहा, ''सत्ता और सिंहासन तो फानी चीजें हैं, इनसान को मारकर अल्लाह को भी जवाब देना है। मुझे बाबर का भय नहीं हुआ, खुदा का हुआ।''

''निजाम खाँ, हमें इस संसार में भगवान् ने आम जनता की सेवा करने के लिए भेजा है। साम्राज्यवादी नीतियाँ इस काम में हमेशा आड़े आती हैं। बाबर एक कुशल

योद्धा और कूटनीतिज्ञ है। वह जानता है कि बयाना को प्राप्त करना एक प्रकार से राजपूताने में सेंध लगाना है। यहीं से गुजरात, मालवा और दक्षिण भारत का मार्ग प्रशस्त होगा, परंतु वह यह भी जानता है कि बयाना मिलना सरल नहीं है। अत: उसने कूटनीतिक चाल चली है।''

''बयाना तो उसे आसानी से नहीं मिलेगा।''

''बाबर इस समय समूचे भारतीय साम्राज्य के लिए खतरा है। क्या तुर्क, क्या अफगान और क्या राजपूत, बाबर सबको पददलित करके भारत में मुगल शासन की स्थापना करना चाहता है। दिल्ली की पराजय से उसे अपने उद्देश्य में एक बड़ी सफलता मिली है, परंतु राजपूताना उसकी राह में एक बड़ी बाधा है।''

''राणाजी, आपके होते उसका सपना कैसे पूरा हो सकता है?''

''यह तो समय ही बताएगा कि क्या होगा, परंतु यह तो निश्चित है कि हम उसे आसानी से जड़ें नहीं जमाने देंगे।''

''मेरे लिए क्या हुक्म है?''

''आप बयाना की सुरक्षा करें। निर्भय होकर करें। हम आपके साथ हैं और हमें आपकी वीरता पर भी कोई संदेह नहीं है। बयाना आपका है और आप उसकी रक्षा करने में समर्थ हैं। आवश्यकता पड़ने पर हम अपनी सेना भी भेजेंगे।''

''ठीक है राणाजी!''

निजाम खाँ उत्साह से बयाना लौट गया और अपनी सेना को सुदृढ किया। बाबर ने उसकी तैयारियाँ देखी तो जान गया कि वह महाराणा का वफादार मुगलों से अवश्य ही युद्ध करेगा। बाबर ने अपने एक योद्धा तईबेग को सेना के साथ बयाना पर आक्रमण करने भेज दिया। तय हुआ था कि किले का फाटक आलिम खाँ खोल देगा, जिससे युद्ध जीतने में सरलता होगी। निजाम खाँ को भी अपने भाई पर विश्वास नहीं था, इसलिए उसने उस पर भी नजर रखी थी। जब बाबर की सेना बयाना पहुँची तो निजाम खाँ ने अपने भाई को कैद कर लिया और अपनी सेना को आक्रमण का आदेश दिया। भीषण युद्ध हुआ और निजाम खाँ ने मुगल सेना को बुरी तरह परास्त करके खदेड़ दिया।

बाबर ने इस युद्ध से जान लिया कि उसे किस प्रकार इस क्षेत्र में युद्ध करना और जीतना है। उसने अपनी विशाल सेना की एक छोटी सी टुकड़ी दिल्ली के समीप राजपूताने में भेज दी, जिससे महाराणा का ध्यान उस ओर लग गया। बाबर ने बड़ी ही कूटनीति से बयाना पर तब आक्रमण किया, जब महाराणा वहाँ से कई सौ मील दूर थे। यद्यपि निजाम खाँ ने बड़ी बहादुरी से सामना किया था, लेकिन इस

बार बाबर ने निश्चित जीत के लिए आक्रमण किया। निजाम खाँ को परास्त होना पड़ा और बयाना उसके अधिकार में आ गया। जब यह समाचार महाराणा साँगा को मिला तो वे चिंतित हो उठे। उनके वीर सरदारों ने आवेश में आकर बयाना पर आक्रमण करने की राय दी।

''नहीं, अभी नहीं, यह उचित समय नहीं है। हमें बाबर को हल्के में नहीं लेना चाहिए। अब बात केवल बयाना पर फिर से अधिकार करने से नहीं बनेगी, अपितु अब हमें दिल्ली वे पंजाब से भी बाबर को बाहर करना होगा, अन्यथा वह दिन दूर नहीं, जब पूरे भारत पर मुगल साम्राज्य स्थापित हो जाएगा।''

''महाराणा, ऐसा कदापि संभव नहीं है। मेवाड़ कभी उस मंगोल के सामने नहीं झुकेगा। वह चाहे तो सारे भारत में विजय प्राप्त कर ले, किंतु मेवाड़ को किसी भी मूल्य पर प्राप्त नहीं कर सकता।''

''पिछले पाँच सौ वर्षों तक हम राजपूतों ने राजपूताने को सशक्त बनाए रखा है और तुर्कों से निरंतर युद्ध किए हैं। यदि सभी एकजुट हो जाते तो तुर्की सल्तनत इतना विस्तार न कर पाती। कन्नौज, उज्जैन, अवध, मगध और वैशाली जैसे राज्य एकसूत्र में बँध जाएँ तो भारत में किसी बाहरी शक्ति का वर्चस्व स्थापित नहीं हो सकता। यह उचित समय है, जब तुर्कों और अफगानों की शक्ति क्षीण हो रही है और मंगोल शक्ति उभार पर है। अब सभी राजाओं को एकजुट होकर इस उभरती शक्ति का दमन करना होगा, तभी भारतवर्ष सुरक्षित रहेगा। मेवाड़ सदैव युद्धरत रहकर अपनी स्वतंत्रता को तो बचाए रख सकता है, किंतु बाबर को जड़ें जमाने से नहीं रोक सकता।''

यह तो बहुत असंभव दिवास्वप्न जैसी बात है, महाराणाजी, भारतवर्ष की सबसे बड़ी दुर्बलता तो इसका विखंडन ही है। हमें अपनी शक्ति और ऊर्जा को मेवाड़ रक्षा में लगाना चाहिए।

''नहीं सरदार साहब! हमें बाबर के खिलाफ एक मजबूत संगठन बनाना होगा। एक ऐसा संगठन, जो मैदान चाहे जो भी हो, एकजुट होकर बाबर को खदेड़ दे। यही समय की माँग है और भारतवर्ष की रक्षा का उपाय भी। तुर्क और अफगान भी बाबर के इस हस्तक्षेप को स्वीकार करनेवाले नहीं हैं। अतः इसे उचित समय भी कहा जा सकता है। हमें इन सभी से विचार करना चाहिए।''

महाराणा साँगा की यह बात अपने स्थान पर बिल्कुल ठीक थी, परंतु कुछ सरदारों के गले नहीं उतर रही थी।

□

राजपूत-अफगान गठबंधन

महाराणा साँगा का सोचना सही था कि नई उभरती शक्ति के खिलाफ एक संगठन का होना आवश्यक है। जिस समय बाबर ने इब्राहिम लोदी को पराजित करके दिल्ली पर अधिकार किया था, उसी समय भारत के विभिन्न प्रांतों और रियासतों के तुर्क अफगान सरदार सजग हो गए थे। ऐसा नहीं था कि भारत में से लोदी वंश के पतन से अफगान–सरदारी समाप्त हो गई थी। इन सभी अफगान सरदारों ने बाबर की मंशा जान ली थी और पूर्वी भारत में सभी एकजुट हो भी गए थे। इस संगठन का नेतृत्व अफगान सरदार बाबर खाँ लोहानी थी, जो सुलतान मुहम्मद शाह के नाम के नवाब हसन खाँ मेवाती के नेतृत्व में एकजुट हो गए थे और दिल्ली में इब्राहिम लोदी में भाई महमूद लोदी को सल्तनत का सुलतान बनाने के पक्षधर थे। नवाब हसन खाँ मेवाती ने अपने सभी अफगान सरदारों से इस विषय में विचार–विमर्श किया।

''बाबर एक प्रबल योद्धा है और उसके पास बहुत बड़ी फौज भी है!'' हसन खाँ मेवाती ने कहा, ''उसने अफगानी सल्तनत का समूल नाश करने का बीड़ा उठाया है और दिल्ली फतह करके उसने एक बड़ी कामयाबी भी हासिल की है। हम सभी सरदार एकजुट अवश्य हो गए हैं, परंतु बाबर का सामना करके उसे हराना कठिन है। अब आप सब लोग अपने विचार प्रकट करें।

''नवाब साहब! आपकी यह बात सच है कि बाबर की सेना का सामना करने के लिए हम सबकी एकजुट शक्ति के पास भी न समाधान है और न ही फौज है। इस वक्त मेवाड़ के महाराणा के पास ही इतनी सेना और जज्बा है कि वे बाबर को परास्त कर सकें।'' एक सरदार ने कहा।

''यही हमारा भी विचार है।'' हसन खाँ ने कहा, ''वक्त की माँग की देखते हुए सभी को महाराणा साँगा को इस मुसीबत में अपना रहनुमा बना लेना चाहिए।

हमारी जो भी सैन्य-शक्ति है, उसे हम पूरी ईमानदारी से महाराणा की सेना के साथ मिलकर उनके नेतृत्व में बाबर का सामना करें तो यकीकन इस नए आक्रमण को विफल किया जा सकता है।''

''नवाब साहब, राजपूत सम्राट् हमारी मदद क्यों करने लगा? हमने तो यहाँ तक सुना है कि बाबर को भारत पर आक्रमण करने का निमंत्रण महाराणा साँगा की ओर से भी गया था, ताकि अफगान सल्तनत समाप्त हो सके और दिल्ली पर महाराणा साँगा का अधिकार हो सके।''

''ये राजनीति की बातें हैं। अपने फायदे के लिए साम्राज्यवादी शासक ऐसे कूट मंत्र चलते ही हैं। हो सकता है कि राणा साँगा ने किसी और दृष्टिकोण से यह निमंत्रण भेजा हो, क्योंकि किसी भी प्रकार की सहायता तो उन्होंने दी नहीं।''

''नवाब साहब, यह तो वही मिसाल हो जाएगी कि आसमान से गिरे और खजूर में अटके। बाबर से लड़ने के लिए राजपूतों का आश्रय लिया तो फिर राजपूत हमारे दमन की कोशिश करेंगे।''

''वह बाद की बात है सरदार, सत्ता में प्रतिद्वंद्विता तो रही है और रहेगी, मगर उन्हें अंदर ही रहना चहिए। इससे उपजी कलह का फायदा बाबर को मिलेगा। पहले उसे हिंदुस्तान से बाहर करने का उपाय करना होगा। उसके बाद आपसी झगड़े चलते भी रहें तो कोई बात नहीं।

जनाब आपकी बात से मैं सहमत हूँ।'' जींद सरदार ने कहा, ''इस समय हमारे सामने राजपूतों का संकट नहीं है, बल्कि बाबर की चुनौती है। यही चुनौती अब राजपूतों के सामने भी है, इसलिए दोनों को एक-दूसरे का साथ देना चाहिए। अब क्योंकि राजपूत शक्ति इससे अधिक है तो हमें उनका नेतृत्व स्वीकार करना चाहिए और मौजूदा संकट का सामना करना चाहिए।''

''महाराणा साँगा इस समय एकमात्र ऐसे शासक हैं, जिनके पराक्रम और शक्ति से बाबर के वेग को रोका जा सकता है। उन्हें हमारा भी समर्थन मिल जाए तो उनकी सफलता निश्चित है। अब आप में से जो भी सरदार हमारे इस मत से सहमत हैं, वे हाथ उठा दें।''

लगभग सभी सरदारों ने सहमति में हाथ उठाए। कोई हिचकिचा भी रहा था तो वक्त की नजाकत ऐसी नहीं थी। नवाब हसन खाँ मेवाती ने सभी का शुक्रिया अदा किया और फिर उन्हीं में से एक विश्वस्त दल चुना गया, जिसे चित्तौड़ जाकर महाराणा साँगा से बात करनी थी। हसन खाँ मेवाती ही इस दल के मुखिया बन गए। महाराणा साँगा ने न केवल इनके विचार को सराहा, अपितु सबका भरपूर स्वागत भी किया।

"राणा साहब, अब केवल आपसे ही आशा है कि बाबर को भारत से खदेड़ा जा सकता है। हम सब आपके नेतृत्व में बाबर नाम के संकट को दूर करना चाहते हैं। आप हमारी प्रार्थना स्वीकार करें।" हसन खाँ मेवाती ने कहा।

"नवाब साहब! हम भी यही चाहते थे कि इस नए आक्रमणकारी को भारत में पैर जमाने से रोकने के लिए हम सबको एकजुट होना होगा। हमने इस दिशा में कदम भी उठाए हैं। सभी राजपूत रियासतों को हमने इस विचार से अवगत कराने के लिए अपने कुशल दूत भी भेज दिए हैं। अब आप पूर्वी भारत के अफगान सरदारों को भी एकजुट करने का प्रयास करें।"

"वहाँ बाबर खाँ लोहानी के नेतृत्व में संगठन तो उसी समय बन गया था, जब बाबर ने दिल्ली पर आक्रमण किया था, पर ऐसी खबरें आ रही हैं कि इस संगठन को दबाने के लिए बाबर का बेटा हुमायूँ बड़ी फौज लेकर गया हुआ है।"

"फिर तो यही अवसर है कि हमें बयाना पर आक्रमण कर देना चाहिए।" महाराणा ने उत्साह से कहा, "बाबर के पास इतनी सेना नहीं है कि वह दो बड़े मोर्चों पर जूझ सके। हम उसे यहाँ से खदेड़ देंगे तो उसका साहस टूट जाएगा। इससे हमें सफलता मिलेगी और पूर्वी अफगान सरदारों का हम पर विश्वास भी बढ़ेगा, जो कि इस संगठन के लिए आवश्यक है।"

"आप हमें बताइए कि हमें क्या करना है?"

"अपनी-अपनी सैन्य तैयारी करें और जितनी भी सेना हो, उसे लेकर हमारे साथ आ जाएँ। स्मरण रहे कि बाबर एक कुशल रणनीतिकार भी है। वह इस स्थिति में हमारे बीच कलह उत्पन्न करने का प्रयास भी कर सकता है।"

"आप निश्चिंत रहें राणा साहब, हम अच्छी तरह से जानते हैं कि हमारा फायदा किस बात में है? सुरक्षा से हम कोई समझौता नहीं कर सकते। हम सब पर अपनी-अपनी प्रजा की सुरक्षा का दायित्व है और यह हमें बाबर से नहीं मिल सकती। राजपूतों पर हमें भरोसा है और राजपूत-शिरोमणि महाराणा साँगा का शरणागत होने पर तो हमारी निर्भयता ही बढ़ी है।"

"आप सबने हम पर जो विश्वास जताया है, हम उसके आभारी हैं और आपको आश्वासन देते हैं कि जब तक हमारे शरीर में प्राण रहेंगे, हम बाबर की इस महत्त्वाकांक्षा के आड़े आते रहेंगे। आप सब हमारे साथ हैं तो एक बाबर क्या, दस बाबर भी यहाँ अपने कदम नहीं जमा सकते।"

हसन खाँ मेवाती ने हाथ जोड़कर महाराणा का अभिवादन किया और फिर सभी सरदार महाराणा को अपना नेता मानकर तैयारियाँ करने लगे। शीघ्र ही राणा

साँगा के नेतृत्व में एक लाख बीस हजार घुड़सवार सैनिकों की विशाल सेना तैयार हो गई और बयाना पर आक्रमण की तैयारी होने लगी। इस सेना में अफगान सरदारों की संख्या भी थी। राजपूत-अफगानों की यह संयुक्त सेना बाबर की महत्त्वाकांक्षाओं का दमन करने के उत्साह में कंधे-से-कंधा मिलाकर बयाना की ओर बढ़ रही थी।

राजपूत-अफगानों का यह गठजोड़ महाराणा साँगा के कुछ हिंदुवादी सामंतों को पसंद नहीं आया था और उन्हें लग रहा था कि महाराणा ने यह गलत निर्णय लिया है। राजपूत सेना ही इतनी सक्षम थी कि मुगल सेना को परास्त कर सकती थी, फिर अफगानों से गठजोड़ की क्या आवश्यकता थी ? इन शुद्ध हिंदूवादी कट्टर राजपूतों का कहना था कि यदि विजय मिली तो इसका श्रेय अफगानी ले जाएँगे और पराजय हुई तो राजपूतों पर बड़ा धब्बा लगेगा, पर इन सामंतों में अपना विरोध महाराणा के सामने प्रकट करने का साहस नहीं था। इतना अवश्य था कि महाराणा के इस निर्णय ने कुछ राजपूत सामंतों को राणा के प्रति विरोधी विचार पालने पर विवश कर दिया था।

बाबर ने जब यह सुना कि अफगान सरदारों ने महाराणा साँगा को अपना राजा मानकर उसके नेतृत्व को स्वीकार कर लिया है तो वह थोड़ा चिंतित हो उठा। उसे इस प्रकार के गठजोड़ की आशा नहीं थी। महाराणा साँगा तो पहले ही उसके उद्देश्य में बड़ी बाधा था, अब इस संगठन से तो वह और भी शक्तिशाली हो गया होगा। बाबर ने राणा द्वारा बयाना पर आक्रमण के बारे में सुना तो उसने पूर्वी अफगानों का दमन करने गए अपने बेटे हुमायूँ को तत्काल आगरा वापस बुला लिया। हुमायूँ सेना सहित आ गया। बाबर ने महाराणा की चुनौती को अफगानों से अधिक तवज्जो दी।

''जब तक हम दिल्ली की सीमा से लगे राजपूताने को नहीं जीत लेते, तब तक हमें भारत-विजय में सफलता नहीं मिलेगी। महाराणा साँगा हमारे मकसद में आड़े आएगा, इसलिए पहले उसकी चुनौती खत्म करनी होगी।''

बाबर ने सबसे पहले राजपूत शक्ति का दमन करना ही उचित समझा और युद्ध करने की तैयारी करने लगा। जब उसे ज्ञात हुआ कि महाराणा के पास एक लाख बीस हजार घुड़सवार सेना है तो वह चिंतित हो उठा। यह उसकी सेना से दोगुनी से भी अधिक थी और संख्या-बल को नजरंदाज नहीं किया जा सकता था। बाबर सोच में पड़ गया और अपने बेटे से विचार-विमर्श किया।

''महाराणा हमारे सामने बहुत बड़ी बाधा बन गया है।'' बाबर गंभीर स्वर में बोला, ''जैसा कि सुनने में आ रहा है कि उसके पास सवा लाख की फौज है तो

हमें शक है कि हम बयाना को सुरक्षित रख सकेंगे। बयाना जाने का अर्थ है कि महाराणा हमें दिल्ली से भी खदेड़ देगा।''

''इतनी बड़ी फौज तो हमें यकीनन पंजाब में भी टिकने न देगी।'' हुमायूँ ने कहा, ''और हमें भारत भी छोड़ना पड़ जाएगा, क्योंकि राजपूत तब तक दुश्मन का पीछा नहीं छोड़ते, जब तक उसे पूरी तरह हरा नहीं देते। हम सवा लाख की फौज से युद्ध करें तो इसका मतलब एक ही युद्ध में अपनी सेना का विनाश करा लें।''

''यही तो सोचने की बात है। बड़ी फौज तो हमारी फौज पर भारी पड़ जाएगी। हमारे सिपाही ही घबरा जाएँगे। किसी भी जंग में संख्या-बल से निर्णय होते हैं। लड़ने वाले को पता होना चाहिए कि उसकी अपनी फौज और शत्रुदल में संख्या बल का क्या अनुपात है ?''

''अब्बाजानी! हमारे सिपाही तो इतनी बड़ी गिनती सुनकर ही घबरा जाएँगे। भले ही युद्ध करें, मगर मनोबल तो नहीं रहेगा और कोई युद्ध मनोबल के बिना भी तो नहीं लड़ा जा सकता।''

''फिर तो एक ही रास्ता बचता है कि महाराणा से सुलह कर लें। हम महाराणा को बयाना दे देते हैं और पूर्वी भारत की ओर बढ़ते हैं।''

''वह दिल्ली भी माँगेगा। पंजाब माँगेगा।''

''देखते हैं। अभी तो उससे सुलह की बात करना बेहतर रहेगा, जिससे यह राजपूत-अफगान गठजोड़ शिथिल हो जाए। हमें कौन सुलह पर सदा टिके रहना है। जब हमारा संख्या-बल उससे मुकाबला करने जितना हो जाएगा, हम आक्रमण कर देंगे।''

''जैसी आपकी मरजी! मुझे तो आप हुक्म दें।''

बाबर ने अपने मंगोल सरदार तईबेग को सुलह का प्रस्ताव लेकर राणा के पास भेजा, परंतु शक्ति के मद और संगठन की ऐंठ में महाराणा ने सुलह की बात सुनना भी स्वीकार न किया। महाराणा ने केवल एक ही शर्त पर सुलह की बात मानी कि बाबर काबुल लौट जाए। बाबर की महत्त्वाकांक्षा पर यह करारी चोट थी। युद्ध सामने और निश्चित था। उसकी फौज में राणा की सवा लाख की विशाल सेना का भय स्पष्ट झलकने लगा था। ऐसा नहीं था कि उसके सिपाही रणकुशल और जुझारू नहीं थे। उनकी निर्भयता और निर्दयता जगप्रसिद्ध थी, परंतु सांख्य-बल की अधिकता ने उनका मनोबल गिरा दिया था। बाबर समझ नहीं पा रहा था कि उसे डरे हुए सैनिकों को युद्ध में उतारना चाहिए या नहीं ? उनका मनोबल कैसे ऊँचा हो ? कैसे उनकी वह बर्बरता सामने आए, जिसके लिए वे प्रसिद्ध हैं। बाबर

ने दिन–रात इन बिदुंओं पर गहन विचार किया।

एकाएक अचानक उसके दिमाग में एक विचार कौंधा। उसने सोचा कि उन्माद अवश्य एक ऐसी शक्ति है, जो सांख्य–बल को गौण कर देता है और उन्माद तब पैदा होता है, जब इनसान धर्मांध हो जाए। बाबर ने अपनी सेना को उन्मादी बनाने की दिशा में कदम उठाया। उसने जेहाद का जोरदार नारा दिया। उसने अपने सैनिकों से कहा, ''इस दुनिया में इनसान का आना बेवजह नहीं होता। खुदा उसे एक खास मकसद से भेजता है और वह मकसद है—अल्लाह की इबादत और कौम की हिफाजत करना। आज अल्लाह ने हमें अपनी कौम का, इसलाम का परचम लहराने का मौका दिया है, मकसद दिया। हमारे इस पाक मकसद को नाकाम करने के लिए हिंदुस्तान के चंद राजपूत राजा सामने आ रहे हैं।'' बाबर ने जोशीले लहजे में अपनी पलटन से पूछा, ''क्या हम ऐसा होने दे सकते हैं?''

''नहीं, हरगिज नहीं।'' सभी सरदार और सैनिक समवेत स्वर में चीखकर बोले।

राजपूतों और अफगानों के सशक्त गठबंधन के सामने मुगलों की इस छोटी सी फौज में बाबर की बात सुनकर गजब का जोश और आत्मविश्वास झलकने लगा था।

□

खानवा की पराजय

महाराणा साँगा की सेना खानवा के मैदान में आ डटी थी और उन्होंने रणनीति बना ली थी। अफगान सरदारों को महाराणा कुछ अधिक ही महत्त्व दे रहे थे, जिससे उनके कुछ राजपूत सामंत चिढ़ रहे थे। वास्तव में राणा ठीक कर रहे थे। वे अफगान शक्ति का युद्ध में पूरा-पूरा इस्तेमाल और लाभ उठाने की नीति पर काम कर रहे थे। बाबर की सेना दो मील आगे मोर्चा लिये खड़ी थी। महाराणा ने अपने सभी सामंतों और सरदारों को एकत्र करके अपनी रणनीति समझा दी थी।

''यह युद्ध केवल बयाना को जीतने के लिए नहीं लड़ा जा रहा है। इस युद्ध से भारत का भविष्य तय होनेवाला है। बाबर की महत्त्वाकांक्षाओं का दमन ही इस युद्ध का प्रथम लक्ष्य है। हमें खानवा के इस मैदान से बाबर को वापस काबुल खदेड़ देना है। हम उसे भारत में पैर नहीं जमाने देंगे।''

12 मार्च, 1527 को महाराणा साँगा और बाबर की सेनाएँ खानवा के मैदान में आमने-सामने आ गईं। महाराणा की संयुक्त सेना में मारवाड़, अंबर, ग्वालियर, चँदेरी, अफगान और इब्राहिम लोदी के भाई महमूद लोदी की सेना भी शामिल थी। बाबर ने कभी सोचा भी नहीं था कि उसके अभियान के विरुद्ध इतना बड़ा संगठन बन जाएगा। उसने तो यही सुना था कि राजपूत सेनाओं में आपसी द्वेष इतना है कि एकता की आशा ही नहीं, लेकिन यहाँ तो दृश्य ही कुछ अलग था—यह सब महाराणा साँगा के कारण ही संभव हो सका था।

खानवा के मैदान में सूर्य का प्रकाश पूरी तरह फैल गया था और दोनों ओर की सेनाएँ रणभेरी का स्वर सुनने की प्रतीक्षा कर रही थीं कि तभी एक विचित्र घटना घटी, जिसने बाबर को तो प्रसन्न कर दिया, लेकिन सेना हतप्रभ रह गई। स्वयं महाराणा साँगा को विश्वास नहीं हो रहा था। रायसेना प्रदेश का तँवर राजा सिलहदी अपने 35 हजार सवारों के साथ बाबर की सेना में जा मिला और अब

सांख्य संतुलन हो गया। अब बाबर की सैन्य-शक्ति भी बराबर की हो गई थी।

"महाराणा, यह...यह क्या हो रहा है?" हसन खाँ मेवाती हक्का-बक्का रह गया।

"देशद्रोही!" महाराणा के मुख से अस्फुट स्वर निकल पड़ा, "विश्वासघाती!"

"इसने ऐसा क्यों किया?"

"हमें पहले थोड़ी भी शंका होती तो हम इस दुष्ट को बंदी बना लेते।"

"अब क्या होगा?"

"अब सिलहदी को उसकी इस करतूत की सजा अवश्य मिलेगी। उसे इस विश्वासघात का परिणाम भुगतान होगा।"

इस घटना से राजपूत सेना में विचित्र सी स्थिति पैदा हो गई थी। सिलहदी के इस कृत्य से राजपूतों का खून खौल उठा था। अब तो युद्ध शुरू होने पर ही उस विश्वासघाती को दंडित किया जा सकता था। सिलहदी ने ऐसा क्यों किया, कोई नहीं समझ पर रहा है था। अब जो हो गया था, उसे अस्वीकारा भी नहीं जा सकता था। एक सिलहदी के न होने से राजपूत शक्ति क्षीण नहीं हो जाती, फिर भी यह घटना इस युद्ध के परिणाम को प्रभावित कर सकती थी।

रणभेरी बज उठी तो दोनों सेनाएँ आपस में भिड़ गईं। महाराणा साँगा ने जिस व्यूह से अपना आक्रमण किया था, वह बाबर की सेना को हिला गया था। वीर सेनापति मेदिनीराय ने अपनी सेना का आह्वान करते हुए कहा, "शत्रु भले ही जीवित रह जाए, किंतु देशद्रोही नहीं बचना चाहिए।"

राजपूत योद्धा संकेत समझ गए थे और वे बाबर की सेना को काटते हुए उधर ही बढ़ रहे थे, जिधर सिलहदी की सेना अफगानी सैनिकों से लड़ रही थी। युद्धभूमि में भयंकर मार-काट मची थी। सैनिक अपने प्राण बचाने के लिए नहीं, बल्कि शत्रु सैनिकों के प्राण हरण करने के लिए उग्र से उग्रतर हो रहे थे।

हाथी पर बैठा बाबर उस भीषण मार-काट को देख रहा था। यह युद्ध उसका भविष्य तय करनेवाला था। इसी से निर्णय होनेवाला था कि वह भारत में मुगल साम्राज्य स्थापित कर पाएगा कि नहीं? उसकी दृष्टि घूमती हुई राणा साँगा पर जा टिकी, जो वीरता से इस युद्ध का संचालन कर रहे थे। एक उचित अवसर देखकर बाबर ने एक तीर महाराणा की ओर छोड़ दिया, जो सीधे महाराणा के माथे पर जा टकराया।

राजपूत सेना क्षण भर के लिए स्तंभित रह गई और तलवारें थम गईं। इधर महाराणा अचेत हो गए थे। हसन खाँ मेवाती और अन्य राजपूत सरदार उन्हें शिविर

में ले आए, जहाँ वैद्य ने उनका उपचार आरंभ कर दिया। महाराणा का पूरा शरीर घावों से ग्रस्त था।

"इन्हें अभी पूर्ण विश्राम की आवश्यकता है।" वैद्य ने चिंतित स्वर में कहा, "खून इतना बह गया है कि इनके लिए यह स्थिति प्राण-घातक हो सकती है।"

"नवाब साहब! आप महाराणा को अलवर ले जाइए।" राव वीरभदेव ने कहा, "हम नहीं चाहते कि सेना को इस विषय में पता चले। राणा अज्जाजी, आप महाराणा का मुकुट सिर पर रखें और रणभूमि में जाएँ, जिससे सेना का उत्साह न टूटे।"

राणा अज्जाजी ने महाराणा साँगा की आँख ढकनेवाला कपड़ा उतारकर अपनी आँख ढक ली और उनका मुकुट उतारकार सिर पर लगा दिया। एक प्रकार से देखने पर वे महाराणा की भाँति ही दिखते थे। घोड़े पर सवार होकर वे युद्ध में चले गए तो राजपूतों का उत्साह बढ़ा।

हसन खाँ मेवाती और कई राजपूत सामंत महाराणा को रणभूमि से निकालकर अलवर की ओर ले चले, लेकिन मार्ग में वैद्य ने शीघ्र ही विश्राम करने को कहा। अत: जयपुर की उत्तरी सीमा पर एक उचित स्थान देखकर शिविर लगा दिया गया और वैद्य उपचार में जुट गए।

उधर खानवा के मैदान में यह बात अधिक देर तक छिपी न रह सकी कि महाराणा रणभूमि से चले गए हैं। इससे राजपूत सेना हतोत्सहित हो उठी और बाबर ने खानवा का युद्ध जीत लिया।

□

जीवन का अंतिम अध्याय

महाराणा कुछ चैतन्य हुए तो उन्होंने स्वयं को शिविर में पाया। वे एक झटके से उठ बैठे और सामने खड़े अपने सरदारों को देखकर चौंके।

''हम कहाँ हैं और युद्ध का क्या परिणाम रहा?''

''महाराणा, हम युद्ध हार गए।''

''नहीं!'' महाराणा क्रोध से चीख पड़े, ''मेवाड़ का राजा युद्ध नहीं हार सकता। जब तक मेरे शरीर में प्राण है, मैं पराजित नहीं हो सकता। हमारी तलवार दो और हमारे साथ युद्धभूमि में चलो।''

''महाराज हम जयपुर की उत्तरी सीमा पर हैं।'' सरदार हसन खाँ मेवाती ने कहा, ''युद्ध में आपको इतने घाव लगे हैं कि अत्यधिक रक्त बह गया है। वैद्य ने आपके प्राणों का संकट बताया तो हम आपको उपचार के लिए ले आए।''

''यह तुम लोगों ने क्या किया?'' महाराणा क्रोध से काँप उठे, हमें रणभूमि से इतनी दूर ला पटका...युद्ध में घाव तो वीरता का पुरस्कार होते हैं। राजपूत का रक्त बहता है तो शौर्य की उत्पत्ति होती है, उत्साहवर्धन होता है। आपने एक योद्धा के शौर्य की अवहेलना की है, कायरता का पाठ पढ़ाया। हम राजपूत रण में प्राण देते हैं, परंतु जान बचाकर नहीं भागते। राव वीरमदेव! आप तो राजपूताना की मर्यादाओं से भली-भाँति परिचित हैं, फिर आपने ऐसा क्यों होने दिया?

''महाराज!'' राव वीरमदेव ने संतुलित स्वर में कहा, ''आपका यह धिक्कारना हमें लज्जित नहीं कर रहा है, क्योंकि हमने जो किया है, वही हमारा कर्तव्य था। हमें अपने महाराणा को मर्यादा की बलिवेदी पर बलिदान चढ़ाना इसलिए स्वीकार न हुआ, क्योंकि हमारा भारतवर्ष संकट में है और इस संकट को आपके नेतृत्व में दूर किया जा सकता है। राजपूत शक्ति कितनी भी प्रबल हो, परंतु वह कुशल नेतृत्व चाहती है। खानवा की विजय से बाबर का स्वप्न पूरा नहीं होता। उसका स्वप्न

महाराणा संग्राम सिंह की मृत्यु से ही पूरा होता है और हम महाराणा की मृत्यु नहीं होने देना चाहते थे। इसी कारण हमने ऐसा किया। आप स्वस्थ हो जाएँ। बाबर अभी कहीं नहीं गया। युद्ध के मैदान अभी और होंगे। हमें बस आपकी आवश्यकता है।''

''हम बाबर को परास्त किए बिना चित्तौड़ नहीं लौटेंगे।'' महाराणा ने दृढता से कहा, ''आपने जिस विश्वास और दृष्टिकोण से यह निर्णय लिया, हम उसे अस्वीकार नहीं करते, परंतु खानवा की पराजय हमारे हृदय में शूल की भाँति चुभ गई है। हम स्वस्थ होते ही उसे फिर रणभूमि में परखेंगे।''

''निश्चिंत रहें महाराज, यह विश्वासघाती देशद्रोही सिलहदी ने धोखा दे दिया, अन्यथा खनवा में ही निर्णय हो गया होता।''

''क्या किसी को पता चला कि सिलहदी ने ऐसा क्यों किया?''

''मुझे पता चला है महाराज!'' नवाब हसन खाँ मेवाती ने गंभीरता से कहा, ''वास्तव में सिलहदी ही नहीं, बल्कि कई राजपूतों को यह गठजोड़ पसंद नहीं था। इन कट्टर धर्मांध सामंतों की नजर में हम भी विदेशी तुर्क हैं और गैर-धर्मी हैं, जिनकी सहायता करना या लेना, इनके लिए धर्मद्रोह है। सिलहदी ने अपनी मानसिकता का खुलकर प्रदर्शन किया है और कुछ अन्य सामंत आपके भय से मौन रहे।''

''दुर्भाग्य, देश का घोर दुर्भाग्य!! यही धर्मांधता इस देश के संकटों का मूल कारण है।'' महाराणा साँगा ने निराश स्वर में कहा, ''अंततः बाबर ने भी तो इसी अस्त्र का प्रयोग किया है।''

''महाराज! केवल एक सिलहदी के ऐसा सोचने या विश्वासघात करने से हम शक्तिहीन नहीं हो गए। हम आपके नेतृत्व में आज भी सक्षम हैं, शक्तिशाली हैं। आप जिस क्षण भी स्वस्थ होकर अपनी तलवार लेकर अश्व पर बैठेंगे, उसी क्षण बाबर की महत्त्वाकांक्षा का पतन आरंभ हो जाएगा, ऐसा हमारा दृढ विश्वास है।''

महाराणा साँगा ने सहमति में सिर हिलाया। कुछ दिन वहाँ रहकर महाराणा को स्वास्थ्य-लाभ केलिए रणथंभौर के किले में ले जाया गया, जहाँ वे बाबर से आगामी युद्ध की रणनीतियाँ भी बनाते रहे। इसके साथ ही वे इस प्रयास में भी लगे रहे कि उन सामंतों की पहचान हो जाए, जो सिलहदी जैसी मानसिकता पाले बैठे थे और कभी भी विश्वासघात कर सकते थे। इस बार वे किसी प्रकार की निर्बलता नहीं रहने देना चाहते थे।

इधर महाराणा को बाबर की सूचना भी मिल रही थी। उसके सैनिकों और सरदारों ने भीषण गरमी में अभी किसी बड़े युद्ध-अभियान का हिस्सा बनने में

असमर्थता जताई थी और इसका लाभ राजपूतों को मिल रहा था। महाराणा की अनुपस्थिति में वीर सेनापति मेदिनीराय ने पश्चिमी राजपूतों की शक्ति को संगठित कर रखा था और बाबर के विरुद्ध युद्ध की व्यापक तैयारियाँ कर रहा था। महाराणा साँगा को अपने वीर सेनापति पर गर्व था। इसी बीच दिसंबर में मौसम अनुकूल हो जाने पर बाबर द्वारा मेदिनीराय पर आक्रमण करने का समाचार मिला तो महाराणा का रक्त जैसे उबलने लगा। महाराणा ने अपने सभी सामंतों-सरदारों को तुरंत एकत्र होने का आदेश दिया।

''अब फिर अवसर आया है कि बाबर को राजपूतों के शौर्य का ज्ञान हो जाए।'' महाराणा ने सभा को संबोधित करते हुए कहा, ''हमारी सेना तैयार है। हम शीघ्र ही यहाँ से चँदेरी की ओर प्रस्थान करेंगे और वीर मेदिनीराय का उत्साह व बल बढ़ाएँगे। हम मुगलों को चँदेरी के मैदान में गाजर-मूली की तरह काटेंगे।'' महाराणा ने अपने सभी सेनानायकों को आदेश देते हुए कहा, ''अब शीघ्रता के साथ यहाँ से प्रस्थान की तैयारी करो।''

महाराणा साँगा की सेना एक बार फिर नए उत्साह से परिपूर्ण होकर रणभूमि में उतरने के लिए तैयार थी। महाराणा भी अब पूर्ण स्वस्थ थे। वे इधर-से-उधर घूम-घूमकर सेना को व्यवस्थित कर रहे थे। उनकी चपलता और उत्साह देखकर राजपूत-अफगान सरदार साहस और शौर्य से भर उठे थे।

इसी बीच समाचार मिला कि बाबर की सेना 20 जनवरी, 1528 को चँदेरी पहुँच गई। अब महाराणा ने तुरंत ही वहाँ से प्रस्थान किया। महाराणा की सेना ने पहला पड़ाव इरिच में डाला और रात्रि-विश्राम किया।

महाराणा ने उस रात भी शिविर में अपने सरदारों व सामंतों का उत्साहवर्धन करने हेतु वीरता भरा संबोधन किया। टोडरमल चांचल्या नामक चारण ने वीरता से ओत-प्रोत कुछ कविताएँ सुनाकर महाराणा को प्रसन्न किया। महाराजा ने वीररस की उस कविता को सुनकर प्रसन्न होते हुए चांचल्या को एक गाँव पुरस्कार में दिया।

इस उत्साह-सभा के पश्चात् रात्रिभोज हुआ। भोजन के बाद सभी लोग रात्रि-विश्राम हेतु चले गए, तभी महाराणा को कुछ बेचैनी सी होने लगी। उन्होंने तत्काल वैद्य को बुलवाया तो वैद्य उनकी दशा देखकर सन्न रह गया। महाराणा को किसी ने विष दे दिया था, जिसका प्रभाव बड़ी तीव्रता से हो रहा था। सभी सरदार आ गए और महाराणा को विष दिए जाने की बात जानकर घबरा उठे।

वैद्य ने भरसक प्रयास करते हुए महाराणा के प्राण बचाने हेतु कई ओषधियाँ दीं, किंतु उनसे कुछ भी सफलता न मिली। वह वीर शिरोमणि मेवाड़ केसरी

महाराणा साँगा उस विश्वासघाती विष से अपनी प्राणरक्षा न कर सका। महाराणा ने अपने किसी धर्मांध विश्वासघाती सामंत की इस देशद्रोहिता से असमय ही···बिना अपना शौर्य और साहस दिखाए ही असार संसार से विदा ली।

यह क्रूर कृत्य महाराणा संग्राम सिंह और राजपूताने के साथ हुआ विश्वासघात नहीं था, अपितु भारतवर्ष के साथ हुआ विश्वासघात था, जिसने मुगल साम्राज्य की स्थापना के मार्ग का हिमालय सरीखा प्रतिरोध दूर कर दिया था।

21 वर्ष, 5 माह और 9 दिन के अपने शासनकाल में मेवाड़ को उन्नति और शौर्य के शिखर पर ले जानेवाले महान् राजपूत राणा साँगा 46 वर्ष की आयु में ही स्वर्ग सिधार गए। निश्चय ही वे अपने अप्रतिम पराक्रम से इतिहास में अपने नाम का एक स्वर्णिम अध्याय जोड़ गए।

□□□